¿ES JESÚS SOCIALISTA?

Una guía de estudio sobre lo que Jesús y la Biblia dicen acerca de la riqueza y la pobreza, la generosidad y la codicia, la abundancia y la escasez

GRACE
&FAVOR
PUBLISHING
A UNIT OF JOB
CREATORS NETWORK

¿Es Jesús socialista? Guía de estudio: Una guía de estudio sobre lo que Jesús y la Biblia dicen acerca de la riqueza y la pobreza, la generosidad y la codicia, la abundancia y la escasez.

Escrito por Lee Habeeb.

ISBN: 979-8-89317-306-2

Publicado por Grace & Favor™, un sello editorial de Global Publishing Partners, LLC, Nashville, TN.

Impreso en los Estados Unidos.

25 26 27 28 29 30 31 32 33 34 EE. UU. 10 9 8 7 6 5 4 3 2 1

ÍNDICE

CÓMO USAR ESTA GUÍA DE ESTUDIO

Bienvenido a la *guía de estudio Es Jesús socialista?*. Este recurso complementario continúa explorando la relación entre las enseñanzas de Jesús y las preguntas apremiantes de hoy sobre la fe, la economía y la filosofía política. En medio de debates acalorados sobre estos temas, es esencial que los cristianos vayan más allá de interpretaciones superficiales y busquen una comprensión clara e imparcial de lo que las Escrituras dicen realmente acerca de la riqueza, la pobreza, los derechos de propiedad y los sistemas económicos. Esta guía de estudio lo ayudará a reflexionar sobre estas cuestiones de manera reflexiva y bíblica, preparándolo para vivir el diseño de Dios en cuanto a la generosidad, la mayordomía y la justicia en su vida diaria.

Las sesiones de esta guía de estudio siguen la secuencia del libro *¿Es Jesús socialista?*:

- Sesión 1. Introducción
- Sesión 2. Capítulo 1: ¿Jesús (Dios) odia el dinero y la riqueza?

- Sesión 3. Capítulo 2: ¿Ayudar a los pobres por decisión o por coacción? ¿Por amor o por obligación?
- Sesión 4. Capítulo 3: Lo que Jesús y la Biblia dicen sobre el robo, la propiedad privada, el trabajo y la ociosidad
- Sesión 5. Capítulo 4: Lo que la Biblia dice sobre la codicia y la gratitud
- Sesión 6. Capítulo 5: De regreso al principio: ¿es Jesús socialista?

Tanto el libro como esta guía de estudio lo ayudarán a reflexionar sobre ideas complejas, enfrentar conceptos erróneos y desarrollar una perspectiva bíblica equilibrada.

CALENDARIO DE SESIONES

Esta guía ofrece opciones flexibles para programar el estudio en grupo:

- Estudio de seis semanas: una sesión por semana *(45-60 minutos por semana).*
- Estudio intensivo de tres semanas: dos sesiones por semana *(90-120 minutos por semana).*
- Seminario de un día: seis sesiones en formato de taller *(6 horas más descansos).*

Puede ajustar el cronograma según el tamaño y la disponibilidad de su grupo. Leer el capítulo correspondiente antes de reunirse ayudará al grupo a procesar el contenido, a aportar ideas y preguntas, y a participar de manera más eficiente en los debates.

Cada lector puede diseñar su propioritmo de lectura. Puede optar por completar una sesión por día, una por semana, o avanzar a su propio ritmo. Piense en formular las preguntas para el debate a sus amigos, familiares o mentores a fin de obtener diferentes puntos de vista. Entablar un diálogo reflexivo, incluso fuera de un grupo formal, puede ayudarlo a aclarar conceptos, desafiar suposiciones e inspirar el crecimiento personal. El objetivo no es apresurarse, sino incorporar y aplicar los principios de forma que fortalezcan su fe y profundicen su comprensión.

CONTENIDO DE CADA SESIÓN

Cada sesión incluye los siguientes elementos:

- **Cita.** Un breve extracto que introduce el capítulo.
- **Principio esencial.** Un corto resumen del punto más importante del capítulo.
- **Repaso.** Una exposición extensa del contenido del capítulo.
- **¿Qué dice la Biblia?** Versículos mencionados en el capítulo y otros pasajes que respaldan el mensaje.
- **Preguntas para el debate.** Temas de conversación que invitan a pensar.
- **Preguntas para la reflexión.** Preguntas introspectivas para meditar en privado.
- **Próximos pasos.** Preparación para la siguiente sesión.
- **Oración.** Una invocación pidiendo la guía, sabiduría y transformación de parte de Dios.
- **Notas.** Páginas con líneas para anotar las ideas y las reflexiones personales de la sesión.

Que este estudio fortalezca su fe, amplíe su conocimiento bíblico y lo equipe para abordar con sabiduría y confianza los debates culturales sobre la fe, la política y la economía.

PARA LOS LÍDERES DE GRUPO

Liderar un estudio sobre fe, política y economía puede ser todo un desafío. No se trata de tener todas las respuestas, sino de crear un espacio para una conversación sincera, reflexiva y respetuosa, mientras ayuda a su grupo a conectar la verdad bíblica con su aplicación en la vida real. A continuación, encontrará cinco consejos para facilitar un estudio significativo y enriquecedor:

1. **Prepárese para liderar**
   Antes de cada reunión, lea cuidadosamente tanto el capítulo como la sesión correspondiente en la guía de estudio. Prepararse profundiza su comprensión personal y lo ayuda a anticipar preguntas o áreas donde el grupo podría necesitar orientación adicional.
2. **Marque el ritmo**
   Comience cada sesión dando la bienvenida a todos y estableciendo las expectativas de la reunión. Recuerde al grupo que la discusión no es un debate para ganar, sino una exploración compartida de ideas. Fomente un ambiente libre de juicios donde todos se sientan seguros de expresar sus puntos de vista.

3. **Fomente la participación**
   Algunos estarán deseosos de hablar, mientras que otros serán más reservados. Utilice preguntas abiertas para invitar a todos a compartir. No tema los momentos de silencio: algunos necesitan más tiempo para procesar antes de responder. Si alguien domina la conversación, rediríjala amablemente invitando a otros a participar. Puede decir algo como: «Me encantaría oír otra opinión sobre esto… ¿alguien más quiere aportar algo?». De este modo se garantiza un diálogo equilibrado y productivo.
4. **Mantenga el enfoque en los principios bíblicos**
   La base de este estudio es que las enseñanzas de Jesús trascienden las ideologías políticas. Si la conversación se desvía, redirija al grupo con una pregunta como: «¿Qué dice la Biblia al respecto?». Anime a los participantes a respaldar sus puntos de vista con referencias bíblicas en lugar de opiniones personales.
5. **Sea flexible**
   Cada grupo es distinto, así que adapte la estructura según lo que mejor funcione. No es necesario cubrir cada parte de la sesión. Si el tiempo es limitado, enfóquese en dos o tres preguntas que generen una conversación profunda y estimulante. Prepararse con anticipación lo ayudará a identificar los temas que pueden dar lugar a un diálogo más enriquecedor, lo que le permitirá administrar mejor el tiempo. Anime a su grupo a abordar este estudio con humildad, curiosidad y un corazón comprometido con Cristo.

LA MULTIPLICACIÓN DE LOS PANES Y LOS PECES
DE GIOVANNI LANFRANCO, 1620-1625

SESIÓN 1: INTRODUCCIÓN

Reducir la vida, muerte y resurrección de Jesucristo —junto con sus profundas enseñanzas— a un mero sistema político es una mezcla de insensatez y arrogancia.

PRINCIPIO ESENCIAL

Jesús vino a transformar el corazón de cada persona con amor, no con imposición ni a la fuerza. Su enfoque no estaba en el control gubernamental ni en las políticas públicas, sino en la responsabilidad personal y la generosidad voluntaria.

Denle, pues, al césar lo que es del césar y a Dios lo que es de Dios (Marcos 12:17; Mateo 22:21; Lucas 20:25).

REPASO

¿Alguna vez se ha detenido a pensar en la magnitud del amor de Jesús? Imagine que alguien (*cualquiera*) decidiera morir por todos sus errores pasados y por cada pecado cometido por la humanidad, ya sea en el pasado o en el futuro. Esa es la profundidad y el poder del sacrificio de Jesús.

Seguir a Jesús como Señor y Salvador es una decisión completamente personal, que nadie puede tomar por usted. Es como recibir el regalo más valioso e incalculable que pueda imaginar, y *usted* es el único que puede abrirlo. La relación entre Dios y la humanidad es extraordinaria porque se basa totalmente en el amor y en la libertad de escoger. La misión de Jesús durante su tiempo en la tierra fue clara: vino a transformar corazones, uno por uno, en quienes estuvieran dispuestos.

Pero ¿qué sucede cuando esa libertad de elección desaparece? ¿Qué pasa si una invitación se convierte en una exigencia? Esto ciertamente cambiaría la naturaleza de la relación. ¿Por qué? Porque la coerción y el amor se oponen. Las mejores relaciones de nuestras vidas se basan en la elección mutua y la confianza. Cuando alguien se siente forzado a una relación o a una acción, todo cambia.

¿Ha recibido alguna vez un regalo de alguien que claramente lo dio por obligación? Compárelo con uno dado por puro amor. Son experiencias totalmente distintas. Uno se siente vacío; el otro le llena el corazón. La acción puede parecer la misma en la superficie, pero la intención detrás de ella —y su impacto tanto en quien da como en quien recibe— no podrían ser más distintos.

Lo mismo ocurre con el amor y la coerción. Las buenas intenciones o las necesidades urgentes a veces pueden confundir los límites entre ambos, pero en su esencia son incompatibles. Como el agua y el aceite, pueden parecer mezclarse cuando se agitan con fuerza, pero sus naturalezas opuestas siempre terminan por separarlos.

Esta tensión nos lleva a la pregunta central de nuestro estudio: *¿es Jesús socialista?* A primera vista, puede parecer extraño asociar al Hijo de Dios con una ideología política o económica. Pero esta pregunta surge una y otra vez, sobre todo en un mundo donde la fe y la política colisionan con frecuencia. La sociedad exige respuestas. Para encontrar claridad, debemos dejar de lado nuestras suposiciones, prejuicios personales y las voces de la cultura que nos rodea. Necesitamos acercarnos a las Escrituras con ojos renovados. ¿Qué fue lo que Jesús *realmente dijo*? ¿Qué fue lo que *realmente hizo*? Las respuestas pueden sorprenderlo, y quizás transformen la manera en que ve tanto su fe como el mundo que lo rodea.

En el corazón de la fe cristiana está la creencia de que Jesús, el Hijo de Dios, caminó por esta tierra hace más de dos mil años. Nació de una virgen, por milagro divino. Inició su ministerio alrededor de los treinta años, y durante tres años enseñó, sanó y sirvió a los demás. Su camino lo llevó a la cruz, donde fue crucificado, y resucitó al tercer día. No se trata solo de una historia; es el fundamento mismo de nuestra fe. Jesús murió por nuestros pecados —pasados, presentes y futuros— y ofrece salvación a todo aquel que cree en él. Después de resucitar, se apareció a muchos para confirmar su victoria sobre la muerte y el pecado, antes de ascender al cielo, donde reina con amor y gracia.

Estas verdades son la base de lo que significa seguir a Cristo. Pero con el tiempo, se han ido infiltrando influencias externas que han añadido a nuestra fe suposiciones, ideas políticas y expectativas sociales. Sin darnos cuenta, empezamos a ver esos elementos adicionales como parte del evangelio, cuando en realidad son solo ecos del mundo que nos rodea y *no* la esencia del mensaje de Jesús.

A diferencia de los sistemas políticos que imponen mandatos, Jesús nunca obligó a nadie a seguirlo. Su ministerio se centró en el amor y en el libre albedrío; su invitación siempre fue personal y voluntaria. A lo largo de los Evangelios, Jesús se relacionó con las personas de manera individual. Sanó a los enfermos, consoló a los quebrantados y perdonó pecados, todo a nivel personal. Cuando otros intentaron arrastrarlo a disputas políticas o económicas, Jesús en todo momento redirigió la atención al corazón. Como dice el autor en la página 2 de la introducción de *¿Es Jesús socialista?*, él deliberadamente distinguió entre «el reino de este mundo y el reino que no es de este mundo», de este último él es Rey.

Jesús tenía el poder para establecer cualquier sistema político que quisiera. Con una sola palabra, podría haber eliminado la pobreza, reestructurado las economías y redistribuido la riqueza sin esfuerzo; pero no lo hizo. Jesús dejó en claro que su reino no era de este mundo. Durante los treinta y tres años que pasó en la tierra, no mostró interés en el poder terrenal. El dinero y el poder nunca fueron su objetivo. Esto se ve claramente cuando Satanás lo tentó en el desierto, ofreciéndole todos los reinos del mundo a cambio de adorarlo (Mateo 4:8-10). Jesús no se dejó influenciar y declaró: «¡Vete, Satanás!» (v. 10). Su firme respuesta revela todo lo que necesitamos saber sobre las prioridades de Jesús. Él no vino a gobernar naciones ni a dominar sistemas humanos. Su misión tenía (y siempre tendrá) que ver con nosotros: nuestros corazones, nuestras almas, nuestras mentes. Lo que más le importa no son las leyes escritas por manos humanas, sino el amor escrito en el corazón de las personas.

Por eso, presentar a Jesús como el reflejo de cualquier sistema político creado por el ser humano es un error profundo. Sin embargo, muchas personas —tanto cristianas como no cristianas— continúan asociando la vida, la muerte, la resurrección y las enseñanzas de Jesús con la política y la economía contemporánea, particularmente con el socialismo.

Antes de comparar las enseñanzas de Jesús con el socialismo, es fundamental establecer una comprensión clara y compartida de lo que significa socialismo. Esto garantiza que todos estén evaluando el mismo concepto y no interpretaciones distintas. *Dictionary.com* define el socialismo como:

> *Sustantivo. Teoría o sistema de organización social que defiende la propiedad y el control de los medios de producción y distribución (capital, tierra, etc.) por parte de la comunidad como un todo, generalmente a través de un gobierno centralizado.*[1]

El *Cambridge Business English Dictionary* ofrece una definición más concisa:

> *Un sistema económico, político y social basado en la creencia de que todas las personas son iguales y deben compartir de manera equitativa el dinero de un país.*[2]

En una sociedad socialista, un gobierno centralizado controla todos los recursos y propiedades mediante una supervisión y regulaciones estrictas, reemplazando la propiedad individual por la gestión colectiva.

Si volvemos a centrar nuestra atención en Jesús, vemos un mensaje que va en una dirección muy distinta. Sus enseñanzas enfatizaban la responsabilidad individual y la generosidad voluntaria. Cuando Jesús alimentó a los cinco mil (ver la página 5 de *¿Es Jesús un socialista?* para mayor contexto), no fue una política económica ni una estrategia política. Fue un milagro que reveló su naturaleza divina y su compasión.

Algunos argumentan que el enfoque de Jesús hacia los necesitados se alinea con ideales socialistas. Es verdad que Jesús nos llamó a ayudar a los pobres, pero nunca abogó por una caridad impuesta por el gobierno. Su llamado fue personal: «Si quieres ser perfecto, anda, vende lo que tienes y dáselo a los pobres, y tendrás tesoro en el cielo. Luego ven y sígueme» (Mateo 19:21). La palabra clave aquí es «si»: es una invitación, no una orden.

Los gobiernos pueden crear políticas, redistribuir riqueza y promulgar leyes, pero no pueden imponer el amor verdadero ni la fe genuina. Esas son cuestiones del corazón, donde Jesús reina con supremacía. La iglesia primitiva fue un hermoso ejemplo de esto. Hechos 2:44-45 nos dice: «Todos los creyentes estaban juntos y tenían todo en común: vendían sus propiedades y posesiones, y compartían sus bienes entre sí según la necesidad de cada uno.» Este pasaje demuestra que los creyentes compartían sus posesiones libremente, movidos por el amor y una generosidad voluntaria.

Algunos lo citan como evidencia del socialismo, destacando que los creyentes lo compartían todo. Sin embargo, esta perspectiva ignora la *voluntariedad* de su generosidad. La iglesia primitiva no impuso la redistribución; los creyentes daban libremente, movidos por amor. De hecho, la historia de Ananías y Safira en Hechos 5 subraya esta verdad. Vendieron una propiedad y afirmaron haber entregado todo el dinero, aunque retuvieron parte para sí. Pedro expuso su engaño:

> *Ananías —le reclamó Pedro—, ¿cómo es posible que Satanás haya llenado tu corazón para que mintieras al Espíritu Santo y te quedaras con parte del dinero que recibiste por el terreno? ¿Acaso no era tuyo antes de venderlo? Y una vez vendido, ¿no estaba el dinero en tu poder? ¿Cómo se te ocurrió hacer esto? ¡No has mentido a los hombres, sino a Dios! (Hechos 5:3-4).*

El problema no fue que se quedaran con parte del dinero, sino que mintieran. Su generosidad nunca debió ser forzada; debía nacer libremente de un corazón sincero.

Debemos estudiar las Escrituras de forma integral, considerando el consejo completo de la Palabra de Dios, en lugar de aislar versículos para adaptarlos a ideas preconcebidas. Este enfoque nos protege de manipular el texto y nos permite profundizar en la narrativa completa y en la sabiduría de Dios.

Por más que se intente, nadie puede encasillar a Jesús dentro de una categoría política. Sus enseñanzas trascienden los sistemas políticos, económicos y sociales. Su llamado es profundamente personal: arraigado en el amor, la gracia y la libertad de elegir. A medida que avancemos, dejemos de lado nuestras ideas preconcebidas y examinemos las Escrituras con corazones dispuestos. No busquemos confirmar nuestras posturas, sino descubrir la verdad sobre quién es Jesús y qué nos llama a ser. Al final, no se trata de socialismo ni de ninguna otra ideología. Se trata del estado de nuestro corazón y de cómo respondemos a la invitación más grande que se nos haya hecho.

¿QUÉ DICE LA BIBLIA?

De nuevo el diablo lo llevó a una montaña muy alta. Allí le mostró todos los reinos del mundo y su esplendor. Y le dijo: —Todo esto te daré si te postras y me adoras. —¡Vete, Satanás! —dijo Jesús—. Porque escrito está: «Adora al Señor tu Dios y sírvele solamente a él» (Mateo 4:8-10).

Uno de los maestros de la Ley se acercó y los oyó discutiendo. Al ver lo bien que Jesús había contestado, preguntó:

—De todos los mandamientos, ¿cuál es el más importante?

Jesús contestó: —El más importante es: «Escucha, Israel: El Señor nuestro Dios es el único Señor. Ama al Señor tu Dios con todo tu corazón, con toda tu alma, con toda tu mente y con todas tus fuerzas». El segundo es: «Ama a tu prójimo como a ti mismo». No hay otro mandamiento más importante que estos (Marcos 12:28-31).

Nosotros amamos porque él nos amó primero. Si alguien afirma: «Yo amo a Dios», pero odia a su hermano, es un mentiroso; pues el que no ama a su hermano, a quien ha visto, no puede amar a Dios, a quien no ha visto. Y él nos ha dado este mandamiento: el que ama a Dios, ame también a su hermano (1 Juan 4:19-21).

Al ver la señal milagrosa que Jesús había realizado, la gente comenzó a decir: «En verdad este es el profeta que había de venir al mundo» (Juan 6:14).

Uno de entre la multitud le pidió: —Maestro, dile a mi hermano que comparta la herencia conmigo.

—Hombre —respondió Jesús—, ¿quién me nombró a mí juez o árbitro entre ustedes? ¡Tengan cuidado! —advirtió a la gente—. Absténganse de toda avaricia; la vida de una persona no depende de la abundancia de sus bienes (Lucas 12:13-15).

Cada uno debe dar según lo que haya decidido en su corazón, no de mala gana ni por obligación, porque Dios ama al que da con alegría (2 Corintios 9:7).

PREGUNTAS PARA EL DEBATE

1. ¿Cómo contrasta la naturaleza personal de la fe con los enfoques colectivos modernos para lograr cambios sociales?
2. ¿De qué maneras se percibe tensión entre los programas de ayuda gubernamental y el énfasis que hizo Jesús en la generosidad voluntaria? ¿Es posible que ambos enfoques coexistan de manera eficaz?
3. Cuando Jesús se negó a intervenir en una disputa de herencia (Lucas 12:13-15), ¿qué mensaje estaba transmitiendo sobre las posesiones materiales y su misión principal? ¿Cómo se aplica esto a nuestras vidas en la actualidad?
4. ¿Cómo equilibrar la responsabilidad personal con la acción colectiva al enfrentar problemas sociales como la pobreza? ¿Qué principios de las enseñanzas de Jesús dirigen su manera de pensar?
5. ¿Cómo se relacionan los dos grandes mandamientos con los sistemas económicos y las estructuras sociales?

PREGUNTAS PARA LA REFLEXIÓN

1. ¿Cómo influye en mis decisiones diarias el hecho de comprender que el reino de Jesús «no es de este mundo»?
2. ¿Qué tensiones enfrento al intentar cumplir mi papel como buen ciudadano y, al mismo tiempo, mantener mi lealtad suprema al reino de Dios?
3. ¿En qué áreas de mi fe estoy más influenciado por ideas culturales o políticas que por las enseñanzas de Jesús? ¿Qué medidas puedo tomar para volver a alinearme con la verdad bíblica?
4. ¿Qué motiva verdaderamente mi generosidad: la presión externa, las obligaciones sociales o un corazón transformado por el amor de Cristo?
5. ¿Cómo se ve el amor sacrificial en mi vida, y de qué forma lo estoy viviendo activamente?

PRÓXIMOS PASOS

1. Lea el capítulo 1 de *¿Es Jesús socialista?*
2. Medite en 1 Juan 4:19-21 y reflexione sobre cómo el amor genuino por Dios sobreabunda en amor genuino por los demás.
3. Pídale a Dios sabiduría para aprender a discernir entre la verdad bíblica y los relatos sociales predominantes.

ORACIÓN

Padre celestial, gracias por enviar a Jesús para transformar nuestros corazones y guiarnos a una relación personal contigo. Enséñanos a amarte con todo nuestro corazón, alma, mente y fuerzas, y a amar a nuestro prójimo como tú nos has amado. Abre nuestros ojos para ver y comprender la verdad de tu Palabra. Que nuestras vidas te honren siempre. En el nombre de Jesús, amén.

NOTAS

SESIÓN 2: ¿JESÚS (DIOS) ODIA EL DINERO Y LA RIQUEZA?

Lo que Jesús —lo que la Biblia— nos reta a hacer constantemente, tanto a ricos como a pobres y a la clase media, es a poner en orden nuestra propia casa. A ordenar nuestra vida, a reordenar nuestras prioridades, a alinear nuestro corazón con Dios.

PRINCIPIO ESENCIAL

El dinero y la riqueza en sí no son malos. Es el amor al dinero y el colocar la riqueza por encima de Dios lo que nos separa de él.

> *Nadie puede servir a dos señores, pues menospreciará a uno y amará al otro o querrá mucho a uno y despreciará al otro. Ustedes no pueden servir a la vez a Dios y a las riquezas (Mateo 6:24).*

REPASO

Quienes afirman que Jesús odiaba la riqueza, el dinero y los ricos suelen citar la historia del joven rico:

Cuando Jesús estaba ya para irse, un hombre llegó corriendo y se arrodilló delante de él. —Maestro bueno —le preguntó—, ¿qué debo hacer para heredar la vida eterna?

—¿Por qué me llamas bueno? —respondió Jesús—. Nadie es bueno sino solo Dios. Ya sabes los mandamientos: «No mates, no cometas adulterio, no robes, no presentes falso testimonio, no defraudes, honra a tu padre y a tu madre».

—Maestro —dijo el hombre—, todo eso lo he cumplido desde que era joven.

Jesús lo miró con amor y añadió: —Una sola cosa te falta: anda, vende todo lo que tienes y dáselo a los pobres, y tendrás tesoro en el cielo. Luego ven y sígueme.

Al oír esto, el hombre se desanimó y se fue triste porque tenía muchas riquezas (Marcos 10:17-22).

Este relato aparece en los tres evangelios sinópticos:

- Mateo 19:22 lo llama «el joven» que «tenía muchas posesiones».
- Marcos 10:22 señala que «poseía muchas riquezas».
- Lucas 18:18, 23 lo presenta como «un dirigente» que «era muy rico».

Este hombre, a pesar de su estatus, reconoce que Jesús ofrece algo superior a la riqueza o el poder. Corre hacia él con urgencia reverente para preguntarle cómo alcanzar la vida eterna. Ha cumplido la ley al máximo de su capacidad, pero aún no encuentra paz. ¿Qué le falta?

Jesús, al ver su sinceridad, va directo al meollo del asunto: «Vende todo lo que tienes y dáselo a los pobres [...]. Luego ven y sígueme» (Marcos 10:21). El llamado no es una condena de la riqueza, sino una invitación a intercambiar seguridad temporal por gozo eterno.

El problema no es la riqueza en sí, sino su negativa a rendirla ante Dios. La riqueza se ha convertido en su ídolo, ocupando el lugar que sólo le pertenece a Dios en su corazón. Así, transgrede los dos primeros mandamientos:

> *No tengas otros dioses además de mí (Éxodo 20:3).*
>
> *No te hagas ninguna imagen ni nada que guarde semejanza (Éxodo 20:4).*

Jesús no le pide que renuncie a sus bienes porque la pobreza sea más «santa» que la riqueza, sino porque ese apego es lo que le impide entregarse plenamente a Dios. Sabe lo que debe hacer, pero no puede —o no quiere— hacerlo. Mientras ese ídolo no caiga, la paz que anhela seguirá fuera de su alcance.

Después de que el joven se marcha, Jesús comenta: «¡Qué difícil es [para los que tienen riquezas] entrar en el reino de Dios! Le resulta más fácil a un camello pasar por el ojo de una aguja que a un rico entrar en el reino de Dios» (Marcos 10:24-25). Ante el asombro de los discípulos, Jesús les recuerda: «Para los hombres es imposible, pero no para Dios; de hecho, para Dios todo es posible» (Marcos 10:27). Jesús amó a ese joven, así como nos ama a nosotros. Si dejamos ir lo terrenal, él nos tomará de la mano y nos conducirá hacia algo mejor: la vida eterna.

Algunos malinterpretan las palabras de Jesús en Marcos 10 como una orden general para que todo creyente abandone sus bienes; pero su interés estaba en el corazón, no en la riqueza en sí. Si la riqueza fuera intrínsecamente mala, ¿cómo explicaríamos que tantos fieles siervos de Dios fueron bendecidos en abundancia?

Abraham es el «padre de la fe» en las tres religiones monoteístas más importantes —el cristianismo, el judaísmo y el islam—, pero también ostenta «la distinción de ser el primer hombre rico en el libro de Génesis» (véase la página 13 de *¿Es Jesús un socialista?* para mayor contexto). Cuando lo encontramos por primera vez en Génesis, su nombre es Abram, aunque Dios luego se lo cambia en Génesis 17:5. Dios le pidió a Abram que dejara su tierra natal, y este hombre de 75 años obedeció, llevando consigo «a su esposa Saray, a su sobrino Lot, a toda la gente que habían adquirido en Jarán y todos los bienes que habían acumulado» (Génesis 12:5). Con el tiempo, Abram y Lot tuvieron que separarse porque «tenían muchas posesiones como para vivir juntos» (Génesis 13:6).

¿Por qué estaba bien que Abram fuera rico, pero no así el joven rico? Porque Abram tenía sus prioridades en orden; su riqueza no amenazaba su relación con Dios. Incluso cuando Dios lo puso a prueba al pedirle que sacrificara a su tan esperado hijo, Isaac, Abram (ya llamado Abraham) estuvo dispuesto a obedecer. Como resultado, Dios reafirmó su pacto: «Te bendeciré en gran manera, y que multiplicaré tu descendencia —como las estrellas del cielo y como la arena del mar» (Génesis 22:17).

Dios mismo describió a Job como «un hombre íntegro e intachable, que me honra y vive apartado del mal» (Job 1:8). Cuando Job lo perdió todo, sus supuestos «amigos» Elifaz, Bildad y Zofar intentaron convencerlo de que solo un gran pecador sufriría semejante calamidad. (Si Dios era el Juez, ¡ellos se creían el jurado!). Sin embargo, Job se aferró a su fe y finalmente fue recompensado:

> *El Señor bendijo más los últimos años de Job que los primeros, pues llegó a tener catorce mil ovejas, seis mil camellos, mil yuntas de bueyes y mil asnas. Tuvo también siete hijos y tres hijas. [...] Después de estos sucesos Job vivió ciento cuarenta años. Llegó a ver a sus hijos y a los hijos de sus hijos, hasta la cuarta generación. Disfrutó de una larga vida y murió muy anciano» (Job 42:12-13, 16-17).*

El rey David comenzó como un pastor que dio un audaz paso de fe contra el gigante Goliat: «¿Quién es este filisteo incircunciso, que se atreve a desafiar al ejército del Dios viviente?» (1 Samuel 17:26). David venció a Goliat, sirvió como un exitoso comandante militar bajo el mando de Saúl y, finalmente, se convirtió en rey. Estableció Jerusalén como la capital de Israel y construyó un lujoso palacio. Aunque Dios no le permitió edificar el templo, David reunió una enorme cantidad de recursos para que su hijo Salomón lo hiciera: oro, plata, bronce, hierro, madera, mármol y piedras preciosas (1 Crónicas 29:2). De manera personal, David ofreció tres mil talentos de oro y siete mil talentos de plata (1 Crónicas 29:3-4), e inspiró a los líderes de Israel a dar generosamente para la construcción del templo. ¿Por qué hizo todo esto aquel pastor convertido en rey? Porque sabía que todo le pertenecía a Dios: «De ti proceden la riqueza y el honor; tú lo gobiernas todo» (1 Crónicas 29:12).

Cuando el rey Salomón subió al trono, Dios le hizo una de las ofertas más increíbles: «Pídeme lo que quieras» (1 Reyes 3:5). Salomón pudo haber pedido dominio militar o riquezas sin fin, pero humildemente pidió sabiduría para gobernar al pueblo de Dios. Esto agradó al Señor, así que le concedió una sabiduría sin igual *y* «tantas riquezas y esplendor que en toda tu vida ningún rey podrá compararse contigo» (1 Reyes 3:13).

Cada año, Salomón recibía seiscientos sesenta y seis talentos de oro (1 Reyes 10:14), una cantidad que hoy valdría miles de millones de dólares. Su trono era de marfil y recubierto de oro. El templo que construyó para el Señor fue una de las estructuras más magníficas de la antigüedad, adornado con los mejores materiales disponibles. Jerusalén prosperó tanto que la plata llegó a no valer más que las piedras comunes (1 Reyes 10:27).

Lamentablemente, la historia de Salomón también es una advertencia. Dios le había dicho: «Pero si ustedes o sus hijos [...] se apartan de mí [...], yo arrancaré a Israel de la tierra que le he dado (1 Reyes 9:6-7). El rey hizo alianzas con otras naciones tomando esposas extranjeras (paganas), algo que Dios le había prohibido. Estas mujeres desviaron el corazón de Salomón del Señor. En solo una generación, el reino de Israel se dividió, lo que dio lugar a siglos de agitación, idolatría y conquista extranjera. La caída de Salomón no fue por su riqueza, sino por su corazón dividido. No permaneció fiel al único que lo había bendecido tan abundantemente.

Algunas personas creen por error que Dios garantiza riqueza material automática. Aunque esta idea suena atractiva, es completamente falsa. Jesús nos llama a confiar en Dios como nuestro Proveedor porque él es nuestro Padre. Y un buen padre provee para las necesidades de sus hijos, pero no siempre les da todo lo que desean.

EL SERMÓN DEL MONTE
DE CARL BLOCH, 1877

No hay nada malo en poseer bienes materiales; el problema es adorarlos. Todo lo que pongamos por encima de Dios se convierte en un ídolo que nos esclaviza a nuestra vieja naturaleza pecaminosa. Nuestro corazón persigue nuestro tesoro, así que debemos decidir qué —o a quién— valoramos más. Como dijo Josué: «Elijan ustedes mismos a quiénes van a servir» (Josué 24:15).

Algunos socialistas suelen citar el episodio en que Jesús expulsó a los cambistas del templo:

> *Jesús entró en el templo y echó de allí a todos los que compraban y vendían. Volcó las mesas de los que cambiaban dinero y los puestos de los que vendían palomas. «Escrito está —dijo—: "Mi casa será llamada casa de oración", pero ustedes la han convertido en "cueva de ladrones"» (Mateo 21:12-13).*

El relato de Juan añade aún más intensidad a la escena, describiendo cómo Jesús hizo un látigo y lo usó para expulsar a todos (Juan 2:15).

¿Por qué se indignó tanto Jesús? No se oponía al comercio justo ni al trabajo honesto; estas eran prácticas comunes en aquellos tiempos. El problema era *dónde* y *por qué* se realizaban esas actividades. El comercio se estaba llevando a cabo en un lugar sagrado destinado a la oración y a la adoración, y los comerciantes corruptos estaban explotando a los peregrinos religiosos con precios excesivos por los animales para los sacrificios. Jesús no podía —ni iba a— tolerar que se distorsionara la santidad de la casa de su Padre por codicia personal.

Un pasaje del Nuevo Testamento que muchos socialistas prefieren evitar es la parábola de los talentos, que desafía con firmeza la idea de una distribución igualitaria de los recursos. En Mateo 25:14-30, Jesús narra la historia de un hombre que, antes de emprender un viaje, confía distintas cantidades de dinero («talentos») a tres siervos. Los dos primeros siervos (quienes recibieron cinco y dos talentos, respectivamente) invierten el dinero de su señor y lo duplican. Al regresar, el señor los felicita: «¡Hiciste bien, siervo bueno y fiel! En lo poco has sido fiel; te pondré a cargo de mucho más. ¡Ven a compartir la felicidad de tu señor!» (Mateo 25:21, 23).

Pero el tercer siervo enterró su talento y devolvió solo lo que había recibido. El señor lo reprende severamente: «¡Siervo malo y perezoso!» (Mateo 25:26), y le quita el talento para dárselo al siervo que ahora tiene diez. Jesús concluye la parábola con una advertencia poderosa:

> *Porque a todo el que tiene se le dará más y tendrá en abundancia. Al que no tiene hasta lo que tiene se le quitará. Y a ese siervo inútil échenlo afuera, a la oscuridad, donde habrá llanto y crujir de dientes (Mateo 25:29-30).*

¿Qué nos está diciendo Jesús? Primero, que Dios da diferentes dones a diferentes personas. La distribución de talentos es «según la capacidad de cada uno» (Mateo 25:15). Los niveles de responsabilidad y habilidad no son iguales, por tanto, los recursos tampoco lo serán. Pero Dios espera mayordomía y fidelidad de todos.

Segundo, el trabajo fiel es recompensado. En lugar de acaparar la riqueza, los dos siervos fieles la multiplicaron con diligencia para el beneficio de su señor.

Tercero, el miedo conduce a la pérdida. La excusa del tercer siervo por no haber generado ganancias es, en realidad, una queja disfrazada:

> *Señor —explicó—, yo sabía que usted es un hombre duro, que cosecha donde no ha sembrado y recoge donde no ha esparcido. Así que tuve miedo y fui y escondí su dinero en la tierra. Mire, aquí tiene lo que es suyo (Mateo 25:24-25).*

Fue el temor —no la fe— lo que lo llevó a actuar así, y ese temor lo arruinó. Ni siquiera tomó la medida más básica de haber depositado el dinero en el banco para ganar intereses.

Cuando caemos en la trampa de la comparación, el resultado inevitable es la envidia. La Biblia es clara sobre este pecado: conduce a la amargura y al descontento. Pero el extremo opuesto de la envidia es un falso sentido de derecho, lo cual también denuncia esta parábola. El siervo que recibió cinco talentos no se jactó ni menospreció a los demás. Al contrario, trabajó diligentemente con lo que se le había confiado.

El segundo siervo actuó con la misma fidelidad, aunque había recibido mucho menos. Si se hubiera enfocado en la distribución desigual, tal vez la amargura habría empañado su propósito. Pero tomó lo que el amo le dio y lo duplicó, recibiendo la misma alabanza que el primero.

Quizá lo más confuso —y exasperante— para algunos socialistas es la decisión del amo de quitarle el único talento al siervo negligente y entregárselo al que ya tenía más. A través de este desenlace increíble, Jesús nos desafía a reconocer la soberanía de Dios. Hay recompensas para la mayordomía fiel y hay consecuencias para la pereza y el descuido. Nuestra tarea no es asegurar resultados iguales, sino administrar lo que Dios nos ha dado para su gloria.

¿QUÉ DICE LA BIBLIA?

No acumulen para sí tesoros en la tierra, donde la polilla y el óxido destruyen, y donde los ladrones se meten a robar. Más bien, acumulen para sí tesoros en el cielo, donde ni la polilla ni el óxido carcomen, ni los ladrones se meten a robar. Porque donde esté tu tesoro, allí estará también tu corazón (Mateo 6:19-21).

Más bien, busquen primeramente el reino de Dios y su justicia, entonces todas estas cosas les serán añadidas (Mateo 6:33).

El que confía en sus riquezas se marchita, pero el justo se renueva como el follaje (Proverbios 11:28).

Quien ama el dinero, de dinero no se sacia. Quien ama las riquezas nunca tiene suficiente. ¡También esto es vanidad! (Eclesiastés 5:10).

¡Tengan cuidado! —advirtió a la gente—. Absténganse de toda avaricia; la vida de una persona no depende de la abundancia de sus bienes (Lucas 12:15).

Manténganse libres del amor al dinero y conténtense con lo que tienen, porque Dios ha dicho: «Nunca los dejaré; jamás los abandonaré» (Hebreos 13:5).

PREGUNTAS PARA EL DEBATE

1. ¿Qué nos revela la interacción de Jesús con el joven rico sobre la diferencia entre la obediencia externa y una verdadera transformación del corazón?
2. ¿De qué manera la riqueza puede convertirse en un ídolo en nuestras vidas, incluso si no nos consideramos «ricos»?
3. ¿Por qué cree que Dios confió grandes riquezas a figuras bíblicas como Abraham, Job, David y Salomón? ¿Qué actitud tenían ellos hacia la riqueza que los hacía diferentes?
4. ¿Cuál es la diferencia entre confiar en Dios como nuestro proveedor y esperar que él nos haga ricos materialmente?
5. ¿Qué podemos hacer para que la riqueza o los bienes materiales no dominen nuestro corazón?

PREGUNTAS PARA LA REFLEXIÓN

1. ¿Cómo reaccionaría si Dios me pidiera soltar algo que valoro? ¿Respondería con confianza o con resistencia?
2. ¿Lucho más con la codicia, con el temor a la inseguridad financiera o con un sentido de merecimiento? ¿Cómo afecta esto a mi vida espiritual?
3. ¿Cómo refleja mi forma de dar la confianza que tengo en la provisión de Dios? ¿Soy un dador alegre o retengo por miedo o apego a la riqueza?
4. ¿Uso sabiamente los dones, talentos y oportunidades que Dios me ha dado, o permito que el temor me impida actuar?
5. ¿Qué significa para mí acumular tesoros en el cielo en vez de poner mi seguridad en las riquezas terrenales?

PRÓXIMOS PASOS

1. Lea el capítulo 2 de *¿Es Jesús socialista?*
2. Medite en Mateo 6:21. Al reflexionar sobre su tiempo, dinero, talentos, etc., evalúe qué lugar ocupan en sus prioridades.
3. Examine sus actitudes hacia la riqueza y la pobreza. ¿Están más influenciadas por una ideología política o por la enseñanza bíblica?

ORACIÓN

Padre celestial, ayúdanos a comprender el verdadero significado de la riqueza en tu reino. Recuérdanos que todo lo que tenemos es un regalo tuyo, y que nunca debemos aferrarnos a nada a costa de nuestra relación contigo. Enséñanos a ser buenos administradores de los recursos que tú nos has confiado, y a usar nuestras bendiciones para bendecir a otros. Enséñanos a confiar en tu provisión, a dar generosamente sin temor y a tenerte siempre como nuestra máxima prioridad. En el nombre de Jesús, amén.

NOTAS

SESIÓN 3: ¿AYUDAR A LOS POBRES POR DECISIÓN O POR COACCIÓN? ¿POR AMOR O POR OBLIGACIÓN?

El camino de Jesús es dar de manera voluntaria y gozosa, con el espíritu y la intención correctos. El camino de Jesús es el amor, no la fuerza ni la coerción.

PRINCIPIO ESENCIAL

Jesús nos ordena ayudar a los pobres dando con alegría y de corazón. La forma y la motivación con la que damos importan tanto como el acto mismo.

> *Cada uno debe dar según lo que haya decidido en su corazón, no de mala gana ni por obligación, porque Dios ama al que da con alegría (2 Corintios 9:7).*

REPASO

¿Qué quiso decir Jesús cuando afirmó: «A los pobres siempre los tendrán con ustedes, pero a mí no siempre me tendrán» (Juan 12:8)?

Algunos argumentan que la pobreza es inevitable, por lo que intentar ayudar a los pobres es inútil. Otros citan este versículo para justificar programas gubernamentales de redistribución de la riqueza. Ambas interpretaciones pasan por alto el verdadero sentido.

Estas palabras tan conocidas provienen de una historia poderosa en Juan 12:1-8. Jesús era el invitado de honor en una cena ofrecida en casa de Simón el leproso (Marcos 14:3), en el pueblo de Betania. Reclinados a la mesa junto a Jesús estaban Lázaro —quien acababa de ser resucitado— y sus hermanas Marta y María, profundamente agradecidas por el milagro que habían presenciado.

La primera vez que encontramos a Marta (Lucas 10:38-42), la vemos corriendo ansiosamente por la casa, tratando de impresionar al Maestro con sus dotes de anfitriona. Ahora, en esta cena, Marta sirve nuevamente a sus invitados, pero esta vez lo hace con gozo, sabiendo que está sirviendo al Mesías, el Hijo de Dios, quien le demostró con poder que él es «la resurrección y la vida» (Juan 11:27, 25).

¿Y María? Antes se contentaba con sentarse a los pies de Jesús, pero ahora siente que debe hacer algo *más*. En un acto de adoración extraordinaria, María toma un frasco de perfume costoso, lo derrama sobre los pies de Jesús y los seca con su cabello. Ella reconoce quién es realmente Jesús, y a diferencia de quienes aún cuestionan su misión, se humilla ante Aquel que lo merece todo.

Entonces interviene Judas Iscariote, uno de los doce discípulos escogidos por Jesús: «¿Por qué no se vendió este perfume? Pudo haberse vendido por el salario de más de un año de trabajo y dárselo a los pobres» (Juan 12:5). El versículo siguiente revela su verdadera motivación: «Dijo esto no porque se interesara por los pobres, sino porque era un ladrón y, como tenía a su cargo la bolsa del dinero, acostumbraba a robarse lo que echaban en ella» (12:6).

Jesús responde de inmediato con una reprensión: «Déjala en paz. [...] A los pobres siempre los tendrán con ustedes, pero a mí no siempre me tendrán» (12:7-8). Lejos de despreciar a los pobres, Jesús alude a la ley de Moisés, donde Dios ordena generosidad hacia los más necesitados:

> *Cuando en alguna de las ciudades de la tierra que el Señor tu Dios te da haya algún pobre entre ustedes, no endurezcas tu corazón ni le cierres tu mano. Antes bien, tiéndele la mano y préstale generosamente lo que necesite.*
>
> *[...] Gente pobre en esta tierra siempre la habrá; por eso te ordeno que seas generoso con tus hermanos hebreos y con los pobres y necesitados de tu tierra (Deutoronomio 15:7-8, 11).*

La audiencia de Jesús incluía a muchos judíos devotos, que como conocían bien la Torá, habrían reconocido esta alusión.

Jesús conoce cada corazón. Él sabía que el corazón de María rebosaba de devoción y también conocía que el corazón de Judas estaba lleno de hipocresía. A lo largo de las Escrituras, Jesús *nos* manda a servir a los pobres de forma voluntaria y gozosa. Pero nunca nos ordena a obligar *a otros* a hacerlo. Servimos a los necesitados porque servimos al Señor, cuya abundante gracia transforma para siempre nuestro corazón. La generosidad forzada, sin amor, no tiene valor espiritual. Lo que más le importa a Jesús es la intención detrás de la ofrenda.

Las buenas obras que brotan de la vida de un creyente son el fruto natural de una transformación interior. Servimos a los pobres porque, al hacerlo, servimos a Cristo mismo: «Les aseguro que todo lo que hicieron por uno de mis hermanos, aun por el más pequeño, lo hicieron por mí» (Mateo 25:40). Así como María derramó un perfume costoso como acto de adoración extravagante, nosotros ofrendamos nuestros recursos por amor a nuestro Salvador.

La generosidad refleja a Cristo mismo, quien conoció la necesidad en carne propia. Jesús no solo comprendía la pobreza: la experimentó. Al nacer, su madre, María, «lo envolvió en pañales y lo acostó en un pesebre» (Lucas 2:7), no en una cuna lujosa, sino en un comedero de animales. José, su padre adoptivo, era un humilde carpintero, y el viaje a Belén ya representaba una carga financiera para él. María y José no podían costear el sacrificio tradicional de «un cordero de un año y un pichón de paloma o una tórtola» (Levítico 12:6), por lo que ofrecieron la alternativa permitida para los pobres: «un par de tórtolas o dos pichones de paloma» (Lucas 2:24; véase también Levítico 12:8).

Jesús nunca acumuló riquezas materiales. Cuando un intérprete de la ley le dijo: «Maestro, te seguiré adondequiera que vayas», el Señor respondió: «Las zorras tienen madrigueras y las aves tienen nidos, pero el Hijo del hombre no tiene dónde recostar la cabeza» (Mateo 8:20). Hasta donde sabemos, Jesús no tuvo propiedades ni residencia permanente durante su ministerio.

Y, sin embargo, se movía con libertad entre todas las clases sociales. Pasaba tiempo tanto con pobres como con ricos. Aquellos de corazón abierto lo recibían en sus casas, y tanto ellos como los discípulos eran bendecidos. Siempre que Jesús confrontaba a un rico, no era por poseer riqueza, sino porque la riqueza los poseía a ellos (véase la página 41 de *¿Es Jesús socialista?* para mayor contexto).

Un día, luego de enseñar en el templo, Jesús dirigió la atención de sus discípulos hacia alguien que probablemente habrían ignorado: una viuda pobre. Entre los ricos que echaban grandes sumas en el arca del templo, esta viuda depositó dos pequeñas monedas. Su valor era escaso, pero para ella representaban todo lo que tenía.

> *Jesús llamó a sus discípulos y dijo: «Les aseguro que esta viuda pobre ha echado en el tesoro más que todos los demás. Porque todos ellos dieron de lo que les sobraba; pero ella, de su pobreza, echó todo lo que tenía, todo su sustento» (Marcos 12:43-44).*

Dios llama a todos a dar, pero no exige que todas las ofrendas sean idénticas. Él mide la generosidad según la sinceridad del corazón. La viuda pobre dio conforme a su capacidad y no retuvo nada. (Lo mismo no podía decirse de los demás adoradores en el templo ese día). Ningúna ofrendani acto de servicio es insignificante cuando se da de todo corazón.

El principio de dar con el corazón se extiende a todas las áreas de la vida. Jesús enseñaba con frecuencia sobre el contraste entre las apariencias externas y la realidad interna, desafiando a las personas a examinar el verdadero estado de su corazón. En una ocasión, aceptó la invitación de un fariseo para comer en su casa. Jesús se sentó sin realizar el lavado de manos ritual, lo cual sorprendió al fariseo. Al percibir que su anfitrión lo juzgaba, Jesús respondió:

> *Resulta que ustedes los fariseos limpian el vaso y el plato por fuera, pero por dentro están llenos de robo y de maldad.*

EL UNGÜENTO DE LA MAGDALENA
DE JAMES TISSOT, 1900

> *¡Necios! ¿Acaso el que hizo lo de afuera no hizo también lo de adentro? Den más bien a los pobres de lo que está dentro, y así todo quedará limpio para ustedes (Lucas 11:39-41).*

Jesús nunca condenó a las personas por tener riquezas, pero sí reprendió a quienes aparentaban ser justos mientras ocultaban avaricia en su interior. Los fariseos estaban más preocupados por las reglas y las apariencias que por la verdadera justicia, y querían desacreditar a Jesús porque él no seguía sus tradiciones. Pero Jesús no se guiaba por el estatus social, las expectativas culturales ni la posición política. No juzgaba a las personas por su riqueza o por su pobreza; miraba el corazón.

De manera similar al joven rico que vimos en el capítulo 1, otro personaje respetado en la comunidad judía se acercó a Jesús con la pregunta: «Maestro, ¿qué debo hacer para heredar la vida eterna?» (Lucas 10:25). Sin embargo, este «experto en la ley» no buscaba la verdad, sino que quería «poner a prueba» a Jesús. Una vez más, Jesús lo dirigió a la ley. A pesar de lo que algunos líderes religiosos afirmaban, Jesús ciertamente no estaba en contra de la ley. Dijo sin rodeos: «No piensen que he venido a anular la ley o los profetas; no he venido a anularlos, sino a darles cumplimiento» (Mateo 5:17).

El experto recitó la respuesta correcta sobre amar a Dios y al prójimo, y Jesús le respondió: «Bien contestado. Haz eso y vivirás» (Lucas 10:28). Pero el hombre insistió: «¿Y quién es mi prójimo?» (10:29). Esta pregunta reflejaba una mentalidad común que pretendía limitar la definición de «prójimo» solo a ciertos grupos. Sin duda, Jesús confirmaría que el «prójimo» eran los demás judíos, en particular aquellos fieles a la ley.

Pero como hacía a menudo, Jesús dio un vuelco al asunto con la ahora célebre parábola del buen samaritano. Un hombre viajaba de Jerusalén a Jericó cuando fue asaltado, despojado de su ropa, golpeado hasta quedar medio muerto. Un sacerdote pasó por el lugar, lo vio, y se desvió por el otro lado. Poco después, un levita (asistente del templo) hizo lo mismo. Estos líderes religiosos, quienes debían ser ejemplo de compasión, eligieron la autopreservación antes que la misericordia.

Entonces viene el giro inesperado: un samaritano —miembro de un pueblo despreciado y de raza mixta— encontró al hombre herido y actuó de inmediato. Vendó sus heridas, lo montó en su propio burro, lo llevó a una posada y pagó por su cuidado. Incluso prometió cubrir cualquier gasto adicional a su regreso.

Al final de la parábola, Jesús le devolvió la pregunta al experto: «¿Cuál de estos tres piensas que demostró ser el prójimo del que cayó en manos de los ladrones?» (Lucas 10:36). El hombre no se atrevió a decir «el samaritano», así que respondió: «El que se compadeció de él». Y lo último que Jesús le dijo fue sencillo pero profundo: «Anda entonces y haz tú lo mismo» (Lucas 10:37).

Esta parábola toca el corazón mismo de la generosidad. El verdadero amor a Dios no puede separarse del amor al prójimo. No se trata de trazar líneas que definan quién merece nuestra bondad; se trata de vivir con manos y corazones abiertos, extendiendo misericordia incluso cuando es incómodo o arriesgado. El samaritano no tenía ninguna razón para detenerse a ayudar. Tal vez ese hombre era como otros judíos que despreciaban a los samaritanos. ¿Y si solo fingía estar herido para tenderle una trampa? ¿Y si los asaltantes aún estaban cerca?

El reverendo Dr. Martin Luther King, Jr. comentó una vez que el sacerdote y el levita se preguntaron: «Si me detengo a ayudar a este hombre, ¿qué pasará conmigo?», mientras que el buen samaritano invirtió la pregunta: «Si no me detengo a ayudarlo, ¿qué pasará con él?» (véase la página 49 de *¿Es Jesús socialista?* para mayor contexto).[3] Habría sido más fácil y seguro que el samaritano siguiera su camino y avisara a alguien en el siguiente pueblo. Después de todo, ¿no es para eso que están las autoridades?

Pero el samaritano no delega su responsabilidad ni busca excusas. Ofrece de inmediato lo que tiene: aceite y vino para las heridas, transporte, alojamiento durante la recuperación y su propio dinero para cubrir todos los gastos. Su generosidad no se limita a lo que es conveniente o esperado. Da de forma sacrificial, sin vacilar y sin esperar recompensa ni reconocimiento.

Este tipo de generosidad es radical. No espera las condiciones ideales ni justifica la inacción. Interrumpe agendas, cuesta recursos e incluso puede implicar riesgos. Y precisamente ese tipo de generosidad refleja el corazón de Dios. El experto en la ley quería definir «prójimo» de una forma que hiciera la obediencia más llevadera. Pero amar al prójimo significa encarnar el amor de Dios de manera real y tangible. Si de verdad queremos seguir a Jesús, debemos preguntarnos: *¿Estamos dispuestos a ver las necesidades a nuestro alrededor, incluso cuando interrumpen nuestros planes? ¿Estamos dispuestos a amar a nuestro «prójimo», incluso cuando eso nos cuesta?*

Los mandatos gubernamentales pueden redistribuir la riqueza, pero no pueden producir la generosidad alegre que Dios ama. Debería haber una diferencia clara entre pagar impuestos por obligación y amar al prójimo desde un corazón transformado. El socialismo establece un sistema en el que el gobierno actúa como intermediario, exigiendo contribuciones a unos para repartirlas entre otros. En teoría, con suficiente demanda y redistribución, la pobreza desaparecería.

Pero Jesús nunca nos dijo que erradiquemos la pobreza, y mucho menos que lo hagamos usando intermediarios. Damos con generosidad nacida del alma porque hemos recibido el regalo más grande: la salvación por medio de Jesucristo. La única obligación válida es la que nace del corazón, al recordar que antes estábamos perdidos, pero ahora hemos sido encontrados para siempre.

¿QUÉ DICE LA BIBLIA?

> *Den más bien a los pobres de lo que está dentro, y así todo quedará limpio para ustedes (Lucas 11:41).*

Servir al pobre es hacerle un préstamo al Señor; Dios pagará esas buenas acciones (Proverbios 19:17).

Defiendan la causa del débil y del huérfano; háganles justicia al pobre y al oprimido (Salmos 82:3).

Les aseguro que todo lo que hicieron por uno de mis hermanos, aun por el más pequeño, lo hicieron por mí. [...] Les aseguro que todo lo que no hicieron por el más pequeño de mis hermanos, tampoco lo hicieron por mí (Mateo 25:40, 45).

El que es generoso será bendecido, pues comparte su comida con los pobres (Proverbios 22:9).

No se olviden de hacer el bien y de compartir con otros lo que tienen, porque esos son los sacrificios que agradan a Dios (Hebreos 13:16).

PREGUNTAS PARA EL DEBATE

1. En Juan 12:1-8, María y Judas tienen motivaciones totalmente distintas. ¿Cómo revelan sus acciones lo que hay en sus corazones? ¿Qué nos enseña esto sobre la generosidad genuina?
2. ¿Cómo demuestran la vida y el ministerio de Jesús su preocupación tanto por los ricos como por los pobres?
3. ¿Qué nos enseña la historia de la viuda pobre sobre cómo Jesús valora una ofrenda?
4. ¿Qué excusas podrían haber usado el sacerdote y el levita para justificar el pasar de largo ante el hombre herido? ¿Cómo nos detienen hoy excusas similares para no ayudar a quienes están en necesidad?
5. ¿Por qué el cuidado de los pobres debería ser una parte instintiva y gozosa en la vida de todo creyente?

PREGUNTAS PARA LA REFLEXIÓN

1. ¿Cuáles son mis verdaderas motivaciones al dar a los demás? ¿Estoy dando con alegría o por obligación?
2. ¿Cómo respondo ante las oportunidades de ayudar a los necesitados? Pregunto: «¿Qué me pasará a mí?» o «¿Qué les pasará a ellos?».
3. ¿Qué barreras (miedo, prejuicio, incomodidad) me impiden ayudar a otros como lo hizo el buen samaritano?
4. ¿Cómo veo los recursos que Dios me ha dado: como algo que debo guardar o como herramientas para servir a los demás?
5. ¿De qué maneras puedo hacer que mi generosidad sea más personal y sincera, y no solo algo institucional?

PRÓXIMOS PASOS

1. Lea el capítulo 3 de *¿Es Jesús socialista?*
2. Medite en Mateo 25:40 y 45 y examine su corazón para ver si hay áreas en las que ha descuidado servir a otros como lo haría con Jesús.
3. Pídale a Dios que abra sus ojos a nuevas oportunidades para servir con gozo a los demás esta semana.

ORACIÓN

Padre celestial, gracias por el ejemplo de Jesús, quien no vino para ser servido, sino para servir. Enséñanos a dar con libertad y alegría, así como tú nos has dado a nosotros. Ayúdanos a ver a los demás con tus ojos y llena nuestros corazones de compasión genuina por los más necesitados. Danos el valor para actuar sin conformarnos con lo que es fácil o conveniente. Que nuestras vidas reflejen el gozo que proviene de conocer tu amor incondicional. En el nombre de Jesús, amén.

NOTAS

SESIÓN 4: LO QUE JESÚS Y LA BIBLIA DICEN SOBRE EL ROBO, LA PROPIEDAD PRIVADA, EL TRABAJO Y LA OCIOSIDAD

La idea de un cristiano perezoso no tiene sentido ni respaldo bíblico. De hecho, nosotros, como hijos de Dios, fuimos creados para trabajar.

PRINCIPIO ESENCIAL

La Biblia afirma la validez y la importancia de la propiedad privada, mientras condena tanto el robo como la ociosidad por transgredir la ley de Dios. El trabajo es un deber diseñado por Dios que nos permite honrarlo, sustentarnos y ayudar a quienes están en necesidad.

> *El que robaba, que no robe más, sino que trabaje honradamente con las manos para tener qué compartir con los necesitados (Efesios 4:28).*

REPASO

El octavo mandamiento se presenta como un pilar fundamental de la ética bíblica: «No robes» (Éxodo 20:15). Estas palabras no dejan lugar a excepciones. El mandamiento es absoluto porque, a los ojos de Dios, el robo *siempre* está mal. Robar es tomar lo que le pertenece por derecho a otro. Por lo tanto, la conclusión lógica es que la propiedad privada existe, es un principio bíblico, y debe respetarse.

La propia definición del robo depende de la existencia de la propiedad legítima. La Biblia ratifica varias veces el derecho a poseer bienes, realizar negocios y acumular riqueza. En Génesis 23:16-18, Abraham busca comprar un lugar permanente para sepultar a su familia en la tierra de Canaán. Pregunta por una propiedad específica y acuerda pagar el precio establecido (cuatrocientos siclos) por el dueño original, Efrón el hitita. La escritura de la propiedad se transfiere legalmente en presencia de muchos testigos. Abraham se convierte en el propietario legítimo del terreno, que más adelante se convierte en el lugar de sepultura de Sara, Abraham, Isaac, Rebeca, Jacob y Lea (Génesis 49:29-32).

Proverbios 31 presenta a la «mujer ejemplar» como una mujer sabia y trabajadora, que «calcula el valor de un campo y lo compra; con sus ganancias planta un viñedo» (Proverbios 31:16). Este versículo resalta su capacidad financiera, su toma de decisiones estratégica y su habilidad para generar ingresos para su hogar. No solo invierte con sabiduría, sino que reinvierte sus ganancias, asegurando la prosperidad de su familia a largo plazo.

En el Nuevo Testamento, Hechos 16:14-15 presenta a Lidia, una exitosa comerciante de telas de púrpura en Filipos. Su próspero negocio le permite apoyar el ministerio de Pablo. Es tanto una emprendedora astuta como una generosa benefactora de la iglesia primitiva, lo que demuestra que la fe y los negocios no son incompatibles. Más bien, el comercio puede ser una herramienta poderosa para hacer avanzar el reino de Dios, proveer para otros y practicar la hospitalidad.

CRISTO EXPULSA A LOS CAMBISTAS DEL TEMPLO
DE QUINTEN MASSIJS, SIGLO XVI

La propiedad conlleva responsabilidad. Proverbios 3:9 nos recuerda: «Honra al Señor con tus riquezas y con los primeros frutos de tus cosechas». La mayordomía implica reconocer que, en última instancia, todo lo que tenemos le pertenece a Dios. Esta perspectiva no solo desalienta la codicia y disuade el robo, sino que también promueve la generosidad y una administración sabia de los recursos.

Por el contrario, sistemas de gobierno como el comunismo rechazan la propiedad privada, haciendo del Estado el dueño absoluto de todas las cosas. Tales sistemas violan directamente el octavo mandamiento al apropiarse (es decir, *robar*) de lo que por derecho pertenece a las personas. En estos modelos, el gobierno asume un rol casi divino, decidiendo quién recibe qué, en lugar de reconocer que todas las bendiciones provienen del Señor.

La protección bíblica de los derechos de propiedad va más allá del simple acto de poseer, y aborda diversas formas de robo. Levítico 19:13 ordena: «No defraudes a tu prójimo ni lo despojes de nada», mientras que Proverbios 22:28 advierte: «No cambies de lugar los linderos antiguos que establecieron tus antepasados». Estos pasajes demuestran que a Dios le preocupa no solo el robo descarado, sino toda adquisición injusta o engañosa de lo ajeno.

Por fortuna, la Biblia no solo condena el pecado, sino que ofrece el remedio: Jesús. El apóstol Pablo aborda esto directamente en su carta a los efesios, una ciudad llena de incrédulos muy familiarizados con el robo. Su mensaje está dirigido a un pueblo separado de Dios, ignorante de su verdad y necesitado de transformación.

> *Así que les digo esto e insisto en el Señor: no vivan más con pensamientos frívolos como los paganos. A causa de la ignorancia que los domina y por la dureza de sus corazones, estos tienen oscurecido el entendimiento y están alejados de la vida que proviene de Dios. Han perdido toda vergüenza, se han entregado a la inmoralidad y no se sacian de cometer toda clase de actos indecentes (Efesios 4:17-19).*

Pero Pablo ofrece esperanza por medio de Cristo:

> *Con respecto a la vida que antes llevaban, se les enseñó que debían quitarse el ropaje de la vieja naturaleza, la cual está corrompida por los deseos engañosos; ser renovados en la actitud de su mente; y ponerse el ropaje de la nueva naturaleza, creada a imagen de Dios, en verdadera justicia y santidad (Efesios 4:22-24).*

El apóstol entiende la realidad del antes y el después en la vida del creyente. Jesús regenera nuestro corazón, y aunque todavía luchamos con el pecado, ahora lo reconocemos y nos sentimos confrontados por él. Esto es más que un cambio de comportamiento: es un cambio total de identidad.

Pablo da instrucciones prácticas a los creyentes:

> *El que robaba, que no robe más, sino que trabaje honradamente con las manos para tener qué compartir con los necesitados (Efesios 4:28).*

Este versículo muestra una progresión de crecimiento espiritual en tres etapas:

1. *Dejar de robar*. Una vida justa es incompatible con el robo.
2. *Trabajar y ganarse la vida honestamente*. El trabajo honesto reemplaza la ganancia deshonesta.
3. *Usar el fruto del trabajo para ayudar a otros*. El objetivo supremo del trabajo es la generosidad: utilizar lo ganado para bendecir y animar a otros.

Este patrón refleja lo que dice Proverbios 14:23: «Todo esfuerzo tiene su recompensa, pero quedarse en las palabras solamente, lleva a la pobreza». El trabajo es una oportunidad para glorificar a Dios, formar el carácter y servir a otros. Este cambio de egoísmo a generosidad demuestra el poder del evangelio para redimir no solo a personas, sino a comunidades enteras.

¿Cómo ve Pablo la importancia del trabajo? Lo deja claro en 2 Tesalonicenses 3:10: «El que no quiera trabajar, que tampoco coma». Estas palabras coinciden con sus instrucciones de respetar y apreciar a los que se esfuerzan, y de «amonestar a los holgazanes y estimar a los desanimados» en 1 Tesalonicenses 5:12-14.

Pablo también da un ejemplo personal:

> *Nosotros no vivimos como ociosos entre ustedes ni comimos el pan de nadie sin pagarlo. Al contrario, día y noche trabajamos arduamente y sin descanso para no ser una carga a ninguno de ustedes. Y lo hicimos así no porque no tuviéramos derecho a tal ayuda, sino para darles buen ejemplo (2 Tesalonicenses 3:7-9)*

El trabajo es tanto una responsabilidad como una forma de honrar a Dios, que permite que los creyentes contribuyan en lugar de convertirse en una carga para otros.

Dios estableció el principio del trabajo desde la creación:

> *Al llegar el séptimo día, Dios descansó porque había terminado toda la obra que había emprendido. Dios bendijo el séptimo día y lo santificó porque en ese día descansó de toda su obra creadora (Génesis 2:2-3).*

Más adelante, cuando le dio a Moisés el cuarto mandamiento sobre el día de reposo, Dios primero ordenó trabajar: «Trabaja seis días y haz en ellos todo lo que tengas que hacer, pero el día séptimo será un día de reposo para honrar al Señor tu Dios. No hagas en ese día ningún trabajo» (Éxodo 20:9-10).

En la página 59 del libro *¿Es Jesús socialista?*, leemos: «El trabajo es parte de lo que significa haber sido creados a imagen de Dios». Aún antes de que el pecado entrara en el mundo: «Dios el Señor tomó al hombre y lo puso en el jardín del Edén para que lo cultivara y lo cuidara» (Génesis 2:15). El trabajo no es una consecuencia de la caída; fue parte del plan perfecto de Dios para la humanidad desde el principio.

Es importante señalar que la Palabra de Dios nunca condena a quienes genuinamente no pueden trabajar. De hecho, la Biblia enfatiza varias veces nuestra obligación de cuidar del huérfano, la viuda, los discapacitados, los ancianos y otros que no pueden sostenerse por sí mismos (ver Santiago 1:27; Isaías 1:17; Salmos 82:3-4).

Sin embargo, la Escritura sí condena la ociosidad como un estilo de vida voluntario: «Las manos ociosas conducen a la pobreza; las manos diligentes atraen riquezas» (Proverbios 10:4). Quienes pueden trabajar, pero eligen no hacerlo, descuidan los talentos que Dios les ha dado y retienen recursos que podrían usarse para bendecir a los necesitados. Además, se privan del gozo y la satisfacción que provienen de un trabajo significativo. En otras palabras, le están robando a Dios, a los demás y a sí mismos.

Jesús mismo trabajó como carpintero (Marcos 6:3), y Pablo era fabricante de tiendas y se mantenía a sí mismo durante sus viajes misioneros (Hechos 18:3). El trabajo es un reflejo de una vida en obediencia a Dios. Pablo nos recuerda: «Hagan lo que hagan, trabajen de buena gana, como para el Señor y no como para nadie en este mundo, conscientes de que el Señor los recompensará con la herencia. Ustedes sirven a Cristo el Señor» (Colosenses 3:23-24).

En ninguna parte de las Escrituras se presenta la pereza como una opción aceptable. Como hijos de Dios, fuimos creados para trabajar, servir y contribuir. Un cristiano perezoso es, en realidad, una contradicción.

En un discurso pronunciado casi un año antes de su muerte, el Dr. Martin Luther King, Jr. destacó la importancia de descubrir el propósito personal y perseguirlo con excelencia, sin importar cuál sea ese propósito. Se dirigía a un público que enfrentaba fuertes injusticias raciales y económicas, muchos de los cuales no tenían acceso a trabajos de alto rango. Su mensaje fue de empoderamiento: incluso en una sociedad que subestima ciertos trabajos, *podemos dar valor a lo que hacemos según cómo lo hacemos*. El trabajo es más que un medio para ganarse la vida; es una forma de honrar a Dios mediante la diligencia y la excelencia.[4]

Jesús ilustra esta idea en la parábola de los labradores malvados (Mateo 21:33-46; Marcos 12:1; Lucas 20:9). Esta historia ocurre en un momento clave del ministerio de Jesús, justo después de expulsar a los cambistas del templo por su corrupción y abuso. Los líderes religiosos, quienes se beneficiaban del sistema del templo, se indignaron y confrontaron a Jesús, exigiendo saber con qué autoridad había hecho eso. Jesús les responde con una parábola que expone su hipocresía, confronta sus corazones y, en última instancia, sella su decisión de matarlo.

En la parábola, un propietario planta una viña, la equipa completamente (con una cerca, un lagar y una torre de vigilancia) y la arrienda a unos labradores antes de viajar a otra región. Al llegar el tiempo de la cosecha, envía siervos a recoger la parte que le corresponde. Pero los labradores golpean y matan a los siervos. El dueño envía a más siervos, y ellos reciben el mismo trato. Finalmente, envía a su hijo pensando: «A mi hijo sí lo respetarán» (Mateo 21:37). Pero los labradores lo matan, con la esperanza de quedarse con la herencia.

Jesús pregunta qué hará el dueño con esos labradores. La audiencia responde: «Hará que esos malvados tengan un fin miserable y arrendará el viñedo a otros labradores que le darán lo que corresponde cuando llegue el tiempo de la cosecha» (Mateo 21:41). Jesús entonces cita Salmos 118:22-23: «La piedra que desecharon los constructores ha llegado a ser la piedra angular», y les advierte de las consecuencias de rechazarla.

En la superficie, esta parábola condena claramente el robo y la violación del derecho a la propiedad. Los labradores no son héroes que luchan contra un dueño opresor; son criminales que, con violencia y asesinato, buscan apropiarse de lo que no les pertenece. A un nivel más profundo, esta parábola es una alegoría. El propietario representa a Dios; la viña, a Israel (el reino de Dios); los labradores, a los líderes religiosos; los siervos, a los profetas; y el hijo, a Jesús mismo. Jesús advierte a las autoridades religiosas que su rechazo a los *mensajeros* de Dios —y su futuro rechazo a él mismo— hará que el reino les sea quitado y entregado a otros.

Los líderes judíos comprenden que Jesús habla de ellos, pero en lugar de responder con humildad o arrepentimiento, intentan arrestarlo, confirmando así el mensaje de la parábola. Su preocupación principal no era honrar la autoridad de Dios, sino preservar su poder y estatus. Esta parábola nos recuerda que, en última instancia, somos administradores —no dueños— de todo lo que poseemos.

El trabajo es una parte esencial de la vida y una forma de honrar a Dios. Sin embargo, el trabajo no tiene poder para asegurarnos la salvación. La idea de ganarse el cielo con esfuerzo es falsa. La salvación es un regalo de Dios, no un salario que se gana. Pablo lo explica en Romanos 4:4: «Cuando alguien trabaja, no se le toma en cuenta el salario como un favor, sino como una deuda». Él menciona a Abraham, un hombre de gran fe y obediencia, para enfatizar que ni siquiera él fue justificado por sus obras, sino por su fe. Si Abraham no pudo ganar la salvación, entonces nadie puede. Las buenas obras —incluido el trabajo duro— son valiosas, pero no salvan. Son el fruto de la salvación, no el medio para alcanzarla.

¿QUÉ DICE LA BIBLIA?

No roben. No mientan. No engañen a su prójimo (Levítico 19:11).

Porque el amor al dinero es la raíz de toda clase de males. Por codiciarlo, algunos se han desviado de la fe y se han causado muchísimos sinsabores (1 Timoteo 6:10).

Si alguien deja dinero o bienes en la casa de un amigo, y esos bienes son robados, el ladrón deberá devolver el doble, en caso de que lo atrapen (Éxodo 22:7).

Las manos ociosas conducen a la pobreza; las manos diligentes atraen riquezas (Proverbios 10:4).

El perezoso codicia y no satisface sus anhelos; el diligente prospera en todo lo que anhela (Proverbios 13:4).

Todo esfuerzo tiene su recompensa, pero quedarse en las palabras solamente, lleva a la pobreza (Proverbios 14:23).

PREGUNTAS PARA EL DEBATE

1. ¿De qué forma establece Éxodo 20:15, el octavo mandamiento, una base teológica para el derecho a la propiedad privada?
2. ¿Cómo se aplica la postura bíblica sobre el robo a temas modernos como el plagio, la piratería de programas informáticos o los derechos a la propiedad intelectual?
3. ¿Cómo representan el crecimiento espiritual los tres pasos descritos en Efesios 4:28 (dejar de robar, trabajar honestamente y compartir con otros)? ¿De qué manera podría aplicarse esta progresión a otras áreas de la vida?
4. ¿Cómo se alinea la declaración de Pablo en 2 Tesalonicenses 3:10 «El que no quiera trabajar, que tampoco coma» con los mandamientos bíblicos de cuidar a los pobres y vulnerables?
5. ¿Cómo puede el cuerpo de Cristo fomentar una ética de trabajo sólida y, al mismo tiempo, enseñar que la salvación no se gana por obras?

PREGUNTAS PARA LA REFLEXIÓN

1. ¿De qué forma practico activamente el mandamiento «No robes» en mi vida diaria? ¿Estoy honrando este principio en áreas como la administración del tiempo, la propiedad intelectual o la forma en que hablo de los demás?

2. ¿Utilizo plenamente los talentos que Dios me ha dado en mi trabajo, o permito que la ociosidad se infiltre y le robe a Dios, a los demás e incluso a mí mismo el impacto que estoy llamado a tener?
3. ¿Reconozco que, en última instancia, todos mis recursos pertenecen a Dios? ¿Cómo afecta esto la manera en que los administro?
4. ¿Dónde puedo identificar esa realidad de «lo que era y lo que soy» en mi propia vida, ese paso del viejo al nuevo yo en mi relación con Cristo?
5. ¿Cómo puedo conseguir que la diligencia y la excelencia en mi trabajo sean fruto de mi salvación, y no un intento de ganármela?

PRÓXIMOS PASOS

1. Lea el capítulo 4 de *¿Es Jesús socialista?*
2. Medite en Efesios 4:28 y reflexione sobre cómo su trabajo —sea remunerado o no— puede ser una forma poderosa de bendecir y servir a otros.
3. Examine con sinceridad su perspectiva sobre el trabajo y la propiedad. ¿Existe un punto en el que la propiedad o la riqueza se vuelven poco éticas, o deberían verse los mayores recursos como una oportunidad para mayor generosidad?

ORACIÓN

Padre celestial, gracias por el regalo del trabajo y por la capacidad de ser productivos. Ayúdanos a ver nuestros esfuerzos como una manera de honrarte y de servir a los demás. Guíanos a usar nuestros recursos con sabiduría y generosidad. Líbranos tanto de la tentación de robar como de la trampa de la ociosidad. Que trabajemos con integridad y propósito, recordando que todo lo que tenemos proviene de ti. Oramos para que nuestro trabajo refleje tu naturaleza desinteresada y sea una bendición para los demás. En el nombre de Jesús, amén.

NOTAS

SESIÓN 5: LO QUE LA BIBLIA DICE SOBRE LA CODICIA Y LA GRATITUD

La gratitud es un arma diseñada por Dios no solo para proteger nuestro corazón y mente del pecado, sino para inmunizarlos y ahuyentar el pecado.

PRINCIPIO ESENCIAL

La codicia y la envidia son fuerzas espiritualmente destructivas que pervierten nuestro corazón y envenenan nuestras relaciones con Dios y con los demás. El único antídoto contra ellas es la gratitud. Al elegir ser agradecidos en toda circunstancia y confiar en la provisión de Dios, protegemos nuestro corazón contra la comparación y resistimos la influencia del enemigo.

> *Estén siempre alegres, oren sin cesar, den gracias a Dios en toda situación, porque esta es su voluntad para ustedes en Cristo Jesús (1 Tesalonicenses 5:16-18).*

REPASO

El mandamiento «No codicies» (Éxodo 20:17) puede ser el último de los diez mandamientos, pero está lejos de ser el menos importante. La codicia y su pariente cercana, la envidia, envenenan el corazón, destruyen relaciones y conducen a las personas al pecado de maneras que pronto se salen de control.

La codicia y la envidia actúan con engaño: al principio parecen deseos inofensivos, pero rápidamente se transforman en amargura y pecado. Codiciar es abrir la puerta a una enfermedad espiritual que corrompe nuestra perspectiva y genera resentimiento cuando comenzamos a preguntarnos por qué Dios bendice a los demás y no a nosotros. La envidia también distorsiona nuestras relaciones: en lugar de alegrarnos por las bendiciones de los demás, nuestro corazón se endurece, haciéndonos incapaces de amar genuinamente.

Consideremos a Lucifer, el ángel que fue descrito como «lleno de sabiduría y de hermosura perfecta» (Ezequiel 28:12). La envidia, junto con su aliada, el orgullo, lo llevaron a la caída:

> *¡Cómo has caído del cielo, lucero, hijo de la mañana! Tú, que sometías a las naciones, has caído por tierra.*
>
> *Decías en tu corazón: «Subiré hasta los cielos. ¡Levantaré mi trono por encima de las estrellas de Dios! [...] Subiré a la cresta de las más altas nubes, seré semejante al Altísimo» (Isaías 14:12-14).*

Lucifer quiso exaltarse por encima de su Creador, y esta rebelión provocó su expulsión del cielo y un juicio eterno. Su historia nos recuerda, con seriedad, que la envidia y el orgullo sin control solo conducen a la destrucción.

El primer caso humano registrado donde la envidia lleva al pecado se encuentra en Génesis 4, con la historia de Caín y Abel. Caín, el hijo mayor de Adán y Eva, cultivaba la tierra; Abel cuidaba rebaños.

> *Tiempo después, Caín presentó al Señor una ofrenda del fruto de la tierra. Abel también presentó al Señor lo mejor de su rebaño, es decir, los primogénitos con su grasa. Y el Señor miró con agrado a Abel y a su ofrenda, pero no miró así a Caín ni a su ofrenda. Por eso Caín se enfureció y andaba cabizbajo (Génesis 4:3-5).*

¿Por qué Dios prefirió la ofrenda de Abel? Abel dio generosamente lo mejor de sus primicias —una verdadera expresión de devoción—, mientras que Caín solo presentó «algo» del fruto de la tierra. No hay indicio de que haya ofrecido lo mejor ni que lo haya hecho con fe. Aunque la Biblia no dice explícitamente por qué Dios rechazó la ofrenda de Caín, sí deja claro que Dios miró la intención detrás del sacrificio. Leemos en Hebreos 11:4: «Por la fe Abel ofreció a Dios un sacrificio más aceptable que el de Caín y por ella recibió testimonio de ser justo, pues Dios aceptó su ofrenda».

Dios, en su misericordia, le da a Caín la oportunidad de corregir su corazón:

> *Si hicieras lo bueno, podrías andar con la frente en alto. Pero si haces lo malo, el pecado está a la puerta para dominarte. No obstante, tú puedes dominarlo» (Génesis 4:7).*

Pero Caín no escucha, y en lugar de dominar su envidia, permite que ella lo domine a él:

> *Caín habló con su hermano Abel. Y cuando estaban en el campo, Caín atacó a su hermano y lo asesinó (Génesis 4:8).*

Lo que comenzó como una simple comparación terminó en furia descontrolada, culminando en el primer asesinato registrado en la historia. Las acciones de Caín ilustran cuán rápidamente la envidia puede escalar hasta convertirse en pecado. Santiago nos advierte sobre esta progresión destructiva:

Todo lo contrario, cada uno es tentado cuando sus propios malos deseos lo arrastran y seducen. Luego, cuando el deseo ha concebido, engendra el pecado; y el pecado, una vez que ha sido consumado, da a luz la muerte (Santiago 1:14-15).

Incluso después de cometer este acto atroz, Caín se niega a aceptar su responsabilidad. Cuando Dios le pregunta: «¿Dónde está tu hermano Abel?», Caín responde: «No lo sé. ¿Acaso soy yo el que debe cuidar a mi hermano?» (Génesis 4:9). Estas palabras desafiantes revelan la dureza del corazón de Caín. Y debido a su falta de arrepentimiento, Dios pronuncia su sentencia: «Cuando cultives la tierra, no te dará sus frutos y en el mundo serás un fugitivo errante» (Génesis 4:12). Y, aun así, Dios muestra misericordia, colocando una señal sobre Caín para protegerlo del daño. Este momento revela una verdad importante: Dios es justo y compasivo.

CAÍN LLEVA A ABEL A LA MUERTE
DE JAMES TISSOT, 1896-1902

La historia de Caín también es una advertencia poderosa sobre la verdadera naturaleza de la envidia. Como se menciona en la página 77 de *¿Es Jesús socialista?*: «Rara vez comienza con el *objeto* de nuestra envidia. Comienza con lo que percibimos como la *fuente* de la injusticia: Dios». En realidad, Caín no estaba molesto con Abel por su ofrenda; ¡estaba enojado con Dios! Consideraba que Dios era injusto, y ese resentimiento se volcó contra el más cercano: su hermano.

Ese es el peligro de la envidia. Vemos a alguien que tiene lo que nosotros no tenemos —o algo mejor— y la envidia susurra que hemos sido pasados por alto o tratados injustamente. Como dijo Gore Vidal: «Cada vez que un amigo triunfa, yo muero un poco».[5] En lugar de celebrar con otros, percibimos sus bendiciones como nuestras propias pérdidas. Lo que deberían ser momentos de gozo compartido, se transforman en episodios oscuros de amargura interna.

Cuando la envidia y la codicia echan raíces, no solo distorsionan nuestras relaciones con los demás; también revelan el estado de nuestro corazón ante Dios. En Lucas 15:11-32, Jesús cuenta la parábola del hijo perdido (conocida como la del «hijo pródigo»). Este hijo menor exige su herencia antes de tiempo, la malgasta en una vida desordenada, y termina hambriento y desesperado. En su peor momento, decide volver a casa, esperando que su padre al menos lo acepte como un jornalero.

Pero antes de que el hijo pudiera siquiera disculparse —antes de llegar a la casa— ocurre lo más asombroso:

> *Todavía estaba lejos cuando su padre lo vio y se compadeció de él; salió corriendo a su encuentro, lo abrazó y lo besó.*
>
> *El joven le dijo: «Papá, he pecado contra el cielo y contra ti. Ya no merezco que se me llame tu hijo».*
>
> *Pero el padre ordenó a sus siervos: «¡Pronto! Traigan la mejor ropa para vestirlo. Pónganle también un anillo en el dedo y sandalias en los pies. Traigan el ternero más gordo y mátenlo*

> *para celebrar un banquete. Porque este hijo mío estaba muerto, pero ahora ha vuelto a la vida; se había perdido, pero ha sido hallado». Así que empezaron a hacer fiesta (Lucas 15:20-24).*

Esta historia es una bella ilustración del corazón de nuestro Padre celestial, quien no espera que le demos pruebas de nuestra valía, sino que corre a nuestro encuentro en el momento en que decidimos volver a él. Como leemos en la página 79 de *¿Es Jesús socialista?*: «Él siempre nos recibirá si nos hemos desviado. Siempre».

Nos identificamos con el hijo pródigo porque todos hemos cometido errores, actuado neciamente y sentido el peso de nuestros fracasos. Pero ¿con qué frecuencia nos identificamos con el hermano mayor?

El hermano mayor nunca se fue de casa. Trabajó duro, siguió las reglas e hizo lo que se esperaba de él. Y cuando su hermano menor finalmente regresa, el hermano mayor está donde se supone que debe estar: trabajando en el campo. Piensa en cómo reaccionarías tú en esa situación:

> *Al volver, cuando se acercó a la casa, oyó que había música y danza. Entonces llamó a uno de los siervos y le preguntó qué pasaba. «Tu hermano ha llegado —le respondió—, y tu papá ha matado el ternero más gordo porque lo ha recobrado sano y salvo» (Lucas 15:25-27).*

¿Qué harías tú? ¿Se te llenaría el corazón de alegría y correrías a abrazar a tu hermano menor? ¿O algo dentro de ti dudaría? ¿Te quedarías allí, con los puños apretados, preguntándote por qué nunca te organizaron una celebración a ti, aquel que hizo lo correcto?

Cuando el padre sale y le ruega al hijo mayor que entre a la fiesta, este libera la amargura que llevaba en el corazón:

> *¡Fíjate cuántos años te he servido sin desobedecer jamás tus órdenes y ni un cabrito me has dado para celebrar una fiesta con mis amigos! ¡Pero ahora llega ese hijo tuyo, que ha despilfarrado tu fortuna con prostitutas, y tú mandas matar en su honor el ternero más gordo! (Lucas 15:29-30).*

Uno pensaría que el hermano mayor confrontaría a su hermano pródigo por la injusticia de sus muchas faltas morales, pero en lugar de eso, confronta a su padre por la injusticia de su misericordia. Para dejarlo claro: «Esto es lo que producen la envidia, la codicia y la comparación. Cambian el enfoque de Dios hacia uno mismo, y del desinterés al egoísmo» (véase la página 82 de *¿Es Jesús socialista?* para mayor contexto).

Las palabras airadas del hermano mayor revelan la verdadera condición de su corazón. Él no se ve a sí mismo como un hijo, sino como un siervo que trabaja por una recompensa. Su obediencia está motivada por el deber, no por el amor.

La respuesta del padre es tierna:

> *Hijo mío, [...] tú siempre estás conmigo y todo lo que tengo es tuyo. Pero teníamos que hacer fiesta y alegrarnos, porque este hermano tuyo estaba muerto, pero ahora ha vuelto a la vida; se había perdido, pero ya lo hemos encontrado (Lucas 15:31-32).*

El padre nunca le había negado nada al hijo mayor, pero la amargura impidió que el primogénito viera las bendiciones que siempre había tenido.

La historia del hermano mayor queda abierta. ¿Dejará ir su envidia y se unirá a la celebración, o se quedará afuera, lleno de amargura y resentimiento? El peligro de la arrogancia es que nos hace creer que Dios nos debe algo. Que, si hacemos todo bien, merecemos más. Pero la gracia no funciona así. El amor de Dios no es una recompensa por buen comportamiento; es un regalo gratuito para el perdido, el quebrantado e incluso para quien cree haberlo hecho todo bien.

El antídoto contra la codicia y la envidia es la gratitud. La gratitud cambia nuestro enfoque de lo que otros tienen a lo que ya hemos recibido. Santiago 1:2-3 nos dice que nos consideremos como «muy dichosos cuando tengamos que enfrentarnos con diversas pruebas, pues laprueba de nuestra fe produce perseverancia». ¿Y de qué sirve la constancia? Santiago continúa: «Y la perseverancia debe llevar a feliz término la obra, para que sean perfectos e íntegros sin que les falte nada» (Santiago 1:4). Como leemos en la página 85 de *¿Es Jesús socialista?*, «Es fácil olvidarnos de Dios en los buenos tiempos. La gratitud es la respuesta de Dios —el antídoto divino— contra la envidia, la codicia y el resentimiento».

Pablo resume esta perspectiva en Filipenses 4:11-12: «No digo esto porque esté necesitado, pues he aprendido a estar satisfecho en cualquier situación en que me encuentre. Sé lo que es vivir en la pobreza y lo que es vivir en la abundancia. He aprendido a vivir en todas y cada una de las circunstancias [...]».

¿Confiamos en la generosidad de Dios cuando otros reciben más que nosotros? En Mateo 20:1-16, Jesús desafía nuestro sentido humano de justicia con la parábola de los obreros en la viña. Los que trabajaron todo el día se molestaron porque los que trabajaron solo una hora recibieron el mismo salario. Pero el dueño les responde: «¿Es que no tengo derecho a hacer lo que quiera con mi dinero? ¿O te da envidia que yo sea generoso?» (Mateo 20:15) Pensar que Dios nos debe algo es lo opuesto a la fidelidad; es creerse con derecho.

La gratitud cambia nuestro enfoque de lo que nos falta a lo que se nos ha dado. Es muy fácil permitir que la comparación y la amargura se acumulen en el corazón, por eso debemos realinear continuamente nuestro interior con la bondad de Dios para evitar que el enemigo tome ventaja en nuestros pensamientos.

En Mateo 6:9-13, Jesús enseña a sus discípulos a realinear su corazón por medio de la oración:

> *Padre nuestro que estás en el cielo, santificado sea tu nombre. Venga tu reino. Hágase tu voluntad en la tierra como en el cielo. Danos hoy nuestro pan cotidiano. Perdónanos nuestras ofensas, como también nosotros hemos perdonado a nuestros ofensores. Y no nos dejes caer en tentación, sino líbranos del maligno.*

Orar no debe ser una exhibición religiosa. Sin duda, Dios no necesita que repitamos palabras sin sentido («como hacen los gentiles», Mateo 6:7). Más bien, nos invita a acercarnos con humildad y confianza.

Reconocemos que él es el Dador y Sustentador de toda la vida, y dejamos de lado todo lo demás —el resentimiento, la comparación, la envidia— para recibir su gracia y provisión. La gratitud elimina el terreno donde la envidia y la codicia pueden echar raíces, porque un corazón agradecido reconoce que *todo* lo que tenemos es un regalo.

¿QUÉ DICE LA BIBLIA?

El corazón tranquilo da vida al cuerpo, pero la envidia carcome los huesos (Proverbios 14:30).

Alégrense con los que están alegres; lloren con los que lloran (Romanos 12:15).

Vi, además, que tanto el afán como el éxito en la vida despiertan envidias. Y también esto es vanidad; ¡es correr tras el viento! (Eclesiastés 4:4).

Las obras de la carne se conocen bien: inmoralidad sexual, impureza y libertinaje; idolatría y hechicería; odio, discordia, celos, arrebatos de ira, rivalidades, desacuerdos, sectarismos y envidia; borracheras, orgías y otras cosas parecidas. Les advierto ahora, como antes lo hice, que los que practican tales cosas no heredarán el reino de Dios. [...] No dejemos que la vanidad nos lleve a provocarnos y a envidiarnos unos a otros (Gálatas 5:19-21, 26).

No te enojes a causa de los malvados ni envidies a los malhechores; porque pronto se marchitan, como la hierba; como la hierba verde, pronto se secan.

Confía en el Señor y haz el bien; establécete en la tierra y mantente fiel. Deléitate en el Señor y él te concederá los deseos de tu corazón.

Encomienda al Señor tu camino; confía en él y él actuará. Hará que tu justicia resplandezca como el alba; tu justa causa, como el sol de mediodía (Salmos 37:1-6).

Si alguien enseña falsas doctrinas, apartándose de la sana enseñanza de nuestro Señor Jesucristo y de la doctrina que se ciñe a la verdadera religión, es un obstinado que nada entiende. Ese tal padece del afán enfermizo de provocar discusiones inútiles que generan envidias, discordias, insultos, sospechas malvadas y altercados entre personas de mente depravada, carentes de la verdad. Este es de los que piensan que la religión es un medio de obtener ganancias.

Es cierto que con la verdadera religión se obtienen grandes ganancias, pero solo si uno está satisfecho con lo que tiene (1 Timoteo 6:3-6).

PREGUNTAS PARA EL DEBATE

1. ¿Por qué la envidia y la codicia comienzan con resentimiento hacia Dios?
2. ¿Qué similitudes comparten Caín y el hermano mayor en la parábola del hijo pródigo? ¿Cómo es que el hermano mayor estaba «perdido» a pesar de estar físicamente cerca de su padre?
3. ¿De qué maneras las redes sociales y la cultura digital alimentan el poder destructivo de la comparación?
4. ¿Por qué la gratitud es el único antídoto para la envidia?
5. La envidia se desarrolla cuando creemos que Dios nos debe algo. ¿Cómo nos ayuda el padre nuestro a alinear nuestro corazón con su perfecta provisión?

PREGUNTAS PARA LA REFLEXIÓN

1. ¿En qué áreas de mi vida soy más propenso a compararme con los demás?
2. ¿Cuándo ha producido la codicia efectos destructivos en mi propia vida? ¿Cómo afecta la envidia mi relación con Dios y con los demás?
3. ¿Con qué personaje de la parábola del hijo pródigo me identifico más? ¿Qué revela esto sobre mi corazón?
4. ¿Cómo desafía 1 Tesalonicenses 5:16-18 mi respuesta natural ante las dificultades?
5. ¿Cuáles son algunas formas concretas en las que puedo practicar la gratitud todos los días?

PRÓXIMOS PASOS

1. Lea el capítulo 5 de *¿Es Jesús socialista?*
2. Medite en Salmos 37:1-6. Cuando sienta el aguijón de la comparación, cambie su perspectiva enfocándose en lo que Dios ya ha provisto en lugar de en lo que le falta.
3. Practique la gratitud a diario. Durante los próximos siete días, escriba tres cosas por las que está agradecido cada día.

ORACIÓN

Padre celestial, gracias por tu fiel provisión y por tu incomparable amor. Nada de lo que este mundo ofrece se compara con el gozo de conocerte. Enséñanos a guardar nuestro corazón de la envidia y la codicia mientras fijamos nuestra mirada en ti. Llénanos de gratitud en toda circunstancia, incluso en las difíciles, y recuérdanos que tu plan es perfecto. Descansamos en la certeza de que contigo, lo tenemos todo. En el nombre de Jesús, amén.

NOTAS

SESIÓN 6: DE REGRESO AL PRINCIPIO: ¿ES JESÚS SOCIALISTA?

Debemos hacernos esta pregunta como cristianos: ¿Por qué la humanidad habría de intentar resolver mediante el poder y la coerción del gobierno lo que Jesús intentaba resolver mediante la transformación de las mentes y los corazones de cada uno?

PRINCIPIO ESENCIAL

Jesús no puede ser reducido a ninguna ideología política. Mientras que el socialismo se basa en la coerción estatal para redistribuir la riqueza, Jesús enfatizó la generosidad voluntaria, la mayordomía personal y la confianza en la provisión de Dios. Reducir sus enseñanzas a un sistema político humano ignora su verdadera misión: la salvación de las almas y el llamado a que cada persona ame y sirva a los demás con libertad.

«Porque mis pensamientos no son los de ustedes ni sus caminos son los míos», afirma el Señor (Isaías 55:8).

REPASO

Hemos explorado una gran variedad de temas: riqueza, dinero, mayordomía, generosidad, trabajo, ociosidad, derechos de propiedad, robo, envidia y gratitud. Ahora volvemos a la pregunta central de todo esto: *¿es Jesús socialista?*

Hagamos un breve repaso. Jesús no condena la riqueza, pero advierte contra el *amor* al dinero (1 Timoteo 6:10). La manera en que priorizamos la riqueza determina si está alineada con la voluntad de Dios. Jesús enfatiza la mayordomía responsable en la parábola de los talentos (Mateo 25:14-30), donde el amo recompensa la buena administración y reprende la negligencia. En la parábola de los labradores malvados (Mateo 21:33-46), Jesús advierte sobre las consecuencias de malgastar los recursos. La Biblia valora la productividad y el trabajo diligente, y condena fuertemente la pereza y la ociosidad (Proverbios 10:4-5). Pablo enseña en 2 Tesalonicenses 3:10: «El que no quiera trabajar, que tampoco coma».

Aunque Jesús manda a sus seguidores a cuidar de los pobres, esta es una responsabilidad personal, no gubernamental. La generosidad debe ser voluntaria y gozosa, no por obligación (2 Corintios 9:7). Jesús alaba a la viuda pobre que dio todo lo que tenía al Señor, demostrando una entrega total (Marcos 12:41-44). En contraste, Pedro condena a Ananías y Safira, no por retener parte de su dinero, sino por su deshonestidad. El apóstol declara: «¡No has mentido a los hombres, sino a Dios!» (Hechos 5:4).

Jesús dijo poco acerca de la forma o función del gobierno, excepto: «Denle, pues, al césar lo que es del césar y a Dios lo que es de Dios» (Marcos 12:17). Esta declaración distingue entre la autoridad terrenal y la soberanía divina. Su respuesta a la tentación de Satanás en el desierto (Mateo 4:8-10) también muestra su falta de interés en el poder político. Si hubiera querido reinar sobre los reinos de este mundo, podría haber aceptado la oferta de Satanás. En lugar de eso, la rechazó, manteniéndose enfocado en su verdadera misión: transformar corazones, no gobiernos.

Ahora debemos comparar lo que hemos aprendido de Jesús con el socialismo. Estas son nuestras definiciones de trabajo para esta ideología:

> *Sustantivo. Teoría o sistema de organización social que defiende la propiedad y el control de los medios de producción y distribución (capital, tierra, etc.) por parte de la comunidad como un todo, generalmente a través de un gobierno centralizado.*[6]
>
> *Un sistema económico, político y social basado en la creencia de que todas las personas son iguales y deben compartir de manera equitativa el dinero de un país.*[7]

En un sistema socialista, la propiedad privada no existe ni puede existir: «No es suyo, ni de Dios, ni un regalo de Dios para la humanidad: el Estado es dueño de todo» (ver la página 92 de *¿Es Jesús socialista?* para mayor contexto). Esto contrasta fuertemente con las enseñanzas bíblicas que afirman la responsabilidad personal y los derechos de propiedad.

El socialismo se basa en la coerción y la confiscación estatal en nombre de la caridad. La primera elimina la esencia de la verdadera generosidad; la segunda conduce a la corrupción, como lo ha demostrado la historia en los regímenes socialistas y comunistas. Con ejemplos como Judas en Juan 12:6, la Biblia advierte contra los líderes que usan su posición para beneficio personal bajo la apariencia de ayudar a los pobres.

Jesús siempre enfatizó la generosidad voluntaria y alegre. ¿Podría María, la hermana de Lázaro, haber vendido el perfume y dar el dinero a los pobres, como sugirió Judas? Por supuesto. ¿Habrían juzgado los demás adoradores del templo a la viuda si se hubiera quedado con sus dos monedas? Es muy poco probable que se fijaran en ella.

Pero en ambos casos, estas mujeres *eligieron* dar por amor y devoción. María derramó su costoso perfume como expresión de su profundo amor por Jesús. La viuda dio todo lo que tenía porque confiaba en la provisión de Dios. Ninguna fue forzada; su generosidad fue el resultado natural de corazones transformados.

Jesús nos invita a actuar por devoción a él. El socialismo reemplaza esa invitación con una obligación, usando la fuerza del gobierno para quitar y redistribuir la riqueza. Esto elimina tanto la bendición espiritual de la generosidad voluntaria como la gratitud que acompaña el recibir un regalo genuino. En otras palabras, los ciudadanos se convierten en «dadores sin amor y receptores sin gratitud» (véase la página 95 de *¿Es Jesús socialista?* para mayor contexto).

Los esfuerzos del gobierno para ayudar a los pobres no son malos en sí mismos, y Jesús nunca condenó los impuestos. De hecho, proveyó milagrosamente una moneda para pagar el impuesto del templo (Mateo 17:24-27), ratificando así el respeto por las autoridades terrenales. Sin embargo, cuando el Estado crece tanto y adquiere tanto control que obstaculiza la capacidad de demostrar el amor de Dios, socava los principios bíblicos. Un gobierno que se apropia de cada vez más recursos deja a los creyentes con menos para dar, lo cual debilita la capacidad de la iglesia para servir, disminuye los actos individuales de amor y, en última instancia, desvía nuestra confianza en Dios.

Jesús enfatizó una y otra vez que su reino «no es de este mundo» (Juan 18:36). Su misión era traer salvación, no una reforma social. Los socialistas se enfocan en la desigualdad económica; ven la riqueza como algo fijo y limitado, que requiere la intervención del gobierno para ser confiscada, administrada y redistribuida con el fin de garantizar la justicia. Si una persona tiene más, otra debe tener menos. Pero esta es una visión antibíblica tanto del mundo como de Dios, y entra en conflicto con lo que sabemos que es cierto a partir de la historia humana: la riqueza puede crearse mediante el trabajo arduo, la innovación y la buena mayordomía (Proverbios 14:23).

La Biblia presenta de manera constante a Dios como la fuente de abundancia infinita. En las parábolas de la semilla de mostaza y de la levadura, Jesús ilustra cómo la provisión del Padre crece y se expande cuando trabajamos con diligencia en su reino:

> *¿A qué se parece el reino de Dios? —continuó Jesús—. ¿Con qué voy a compararlo? Se parece a una semilla de mostaza que un hombre sembró en su huerto. Creció hasta convertirse en un árbol y las aves anidaron en sus ramas. [...] ¿Con qué voy a comparar el reino de Dios? Es como la levadura que una mujer tomó y mezcló con tres medidas de harina, hasta que hizo crecer toda la masa (Lucas 13:18-21).*

La creación de Dios es abundante, y él nos invita a participar de esa abundancia mediante el trabajo, la creatividad y la mayordomía. Así como una pequeña porción de levadura puede transformar toda una masa, el reino de Dios se expande cuando invertimos fielmente nuestro esfuerzo. El proceso de hacer pan —mezclar la harina y la levadura, amasar la masa y esperar pacientemente a que leude— requiere diligencia, habilidad y perseverancia. Dios provee los recursos, pero nos llama a cultivarlos. No es algo automático ni sin esfuerzo.

Los mercados libres, al igual que el concepto bíblico de mayordomía, se alinean con esta idea de crecimiento por medio del esfuerzo. Cuando las personas son libres de trabajar, crear y administrar lo que han recibido, se produce abundancia. La clave es la libertad, no la libertad de la responsabilidad, sino la libertad para cultivar, invertir y confiar en la provisión de Dios.

La parábola del sembrador (Mateo 13:3-13) revela verdades prácticas y espirituales sobre el crecimiento, el esfuerzo y la abundancia. Jesús describe a un sembrador que esparce semillas sobre distintos tipos de terreno, que simbolizan una respuesta diferente a la Palabra de Dios. Algunas caen junto al camino y las aves se las comen de inmediato, simbolizando a quienes oyen el evangelio, pero nunca lo reciben de verdad. Otras caen en terreno pedregoso, donde brotan con rapidez, pero al no tener raíz profunda, se marchitan bajo el calor de las pruebas. Algunas más caen entre espinos, donde las preocupaciones de

la vida ahogan su potencial. Pero las que caen en buena tierra crecen y producen una gran cosecha.

Jesús nos recuerda que, aunque Dios provee la semilla —su Palabra— corresponde a cada individuo recibirla y nutrirla. El sembrador no obliga a que las semillas crezcan ni exige que todas produzcan el mismo fruto. Él siembra con fidelidad, entendiendo que la condición del suelo determina la cosecha.

Los creyentes deben cuidar activamente su vida espiritual para que las distracciones, la complacencia o las preocupaciones del mundo no frenen su crecimiento. La fe no es pasiva; requiere esfuerzo, intención y perseverancia. Quienes cultivan con diligencia su relación con Dios darán fruto.

Ya sea en la agricultura, los negocios, la educación u otro ámbito, el éxito proviene del trabajo constante, la buena mayordomía y la disposición a invertir tiempo y esfuerzo en el crecimiento. Esto se ajusta más a los principios del libre mercado que al socialismo, el cual busca igualar resultados sin considerar el esfuerzo ni la responsabilidad personal.

Larry Reed, presidente emérito de la Fundación para la Educación Económica, sostiene que la libertad económica —y no el control gubernamental— conduce a la prosperidad y la generosidad. La historia confirma que los países con mayor libertad y gobiernos más pequeños experimentan más crecimiento económico, mejores niveles de vida y mayores donaciones caritativas. En contraste, los sistemas socialistas y redistributivos sofocan la creatividad y la productividad, dejando a más personas en pobreza en lugar de sacarlas de ella. En palabras de Reed: «No se puede redistribuir nada a nadie si primero no ha sido creado por alguien» (ver la página 105 de *¿Es Jesús socialista?* para mayor contexto).[8]

Las Escrituras exhortan una y otra vez a los creyentes a ser generosos, a cuidar de los pobres y a mostrar un carácter moral elevado mediante la generosidad voluntaria, *no* por coerción. Los peores regímenes de la historia —la Alemania nazi, la Unión Soviética de Stalin y la China comunista de Mao— se valieron de promesas de igualdad y justicia para justificar la opresión, el sufrimiento masivo y hasta el genocidio. En lugar de crear una utopía, el control centralizado produjo una destrucción sin precedentes. Esta realidad nos recuerda con seriedad que el gobierno nunca puede reemplazar la responsabilidad personal ni la generosidad compasiva a la que Jesús llama a sus seguidores. La verdadera abundancia no proviene de la fuerza, sino de la libertad, la mayordomía y un corazón transformado por Cristo.

Jesús no encaja fácilmente en ningún sistema político o económico. Está claro que no es socialista, pero eso tampoco lo convierte en capitalista. Aunque el capitalismo se alinea más con principios bíblicos como el libre albedrío, la propiedad privada y la generosidad voluntaria, no está exento de peligros. La codicia y el materialismo pueden corromper cualquier sistema, razón por la cual Jesús advirtió contra acumular tesoros en la tierra en vez de en el cielo (Mateo 6:19-21).

La parábola de los trabajadores en la viña (Mateo 20:1-16) confronta la noción capitalista de justicia. El dueño de la viña paga lo mismo a todos los trabajadores —no según su esfuerzo, sino por pura generosidad— lo cual refleja la misericordia de Dios hacia todos, sin importar cuándo lleguen a la fe. Esta parábola reprende la envidia y el sentido de merecimiento, recordándonos que el reino de Dios no funciona según las fuerzas del mercado, sino según la gracia.

El socialismo busca igualar resultados materiales, mientras que el capitalismo desenfrenado conduce a la idolatría. Pero Jesús trasciende todas las ideologías humanas. Nos llama a un estándar más alto, uno donde el amor, la generosidad y la responsabilidad importan más que cualquier modelo económico o político.

Muy por encima de las etiquetas de izquierda o derecha, Jesús llama a personas de toda nación, cultura y estatus a ser parte de su reino. Él fue el primer multiculturalista: unió a todos los que creen en él como hermanos y hermanas en Cristo. Nuestra verdadera identidad no se encuentra en afiliaciones políticas ni teorías económicas, sino solo en Cristo. La salvación es una decisión espiritual y personal que trasciende clase social, etnicidad y trasfondo. En última instancia, la misión de Jesús no fue reestructurar la sociedad, sino transformar corazones y ofrecer salvación eterna a todo aquel que la reciba.

Pablo escribe: «Mi Dios les proveerá de todo lo que necesiten, conforme a las gloriosas riquezas que tiene en Cristo Jesús» (Filipenses 4:19). El mensaje de Jesús nunca se trató de igualar resultados materiales, sino de fidelidad individual y mayordomía. Eliminar la pobreza a través del gobierno no fue su meta; más bien, llamó a cada creyente a cuidar personalmente de los necesitados. Los programas gubernamentales jamás podrán reemplazar el poder transformador de la compasión y la generosidad personal.

Cualquier sistema económico que esté desconectado del amor al prójimo y del cuidado de los vulnerables es incompatible con las enseñanzas de Cristo. El valor de una persona no se mide por su productividad económica, sino por su relación con Dios. El mensaje de Jesús desafía todos los sistemas humanos, recordándonos que las estructuras políticas y económicas son secundarias frente a la verdadera abundancia que proviene de una transformación espiritual.

¿QUÉ DICE LA BIBLIA?

Así que no se preocupen diciendo: «¿Qué comeremos?», o «¿Qué beberemos?» o «¿Con qué nos vestiremos?». Los paganos andan tras todas estas cosas, pero su Padre celestial sabe que ustedes las necesitan. Más bien, busquen primeramente el reino de Dios y su justicia, entonces todas estas cosas les serán añadidas (Mateo 6:31-33).

Pues si ustedes, aun siendo malos, saben dar cosas buenas a sus hijos, ¡cuánto más su Padre que está en los cielos dará cosas buenas a los que le pidan! (Mateo 7:11).

Fíjense en los cuervos: no siembran ni cosechan, ni tienen almacén ni granero; sin embargo, Dios los alimenta. ¡Cuánto más valen ustedes que las aves! (Lucas 12:24).

Así que mi Dios les proveerá de todo lo que necesiten, conforme a las gloriosas riquezas que tiene en Cristo Jesús (Filipenses 4:19).

Los planes bien pensados producen ganancias; los apresurados traen pobreza (Proverbios 21:5).

Esto es lo que he comprobado: que en la vida bajo el sol lo mejor es comer, beber y disfrutar del fruto de nuestros afanes. Es lo que Dios nos ha concedido; es lo que nos ha tocado. Además, a quien Dios concede abundancia y riquezas, también concede comer de ellas, así como tomar su parte y disfrutar de sus afanes, pues esto es don de Dios (Eclesiastés 5:18-19).

PREGUNTAS PARA EL DEBATE

1. ¿Cómo contrasta el enfoque socialista sobre la naturaleza humana con el énfasis de Jesús en la transformación del corazón? ¿Qué nos enseña esta diferencia sobre cómo crear soluciones efectivas a los problemas sociales?
2. ¿De qué manera la parábola de los trabajadores en la viña desafía tanto los marcos económicos socialistas como capitalistas? ¿Cuál fue el mensaje principal de Jesús en esta parábola?
3. ¿Cómo pueden los creyentes distinguir entre una preocupación genuina por los desfavorecidos y la retórica política que usa a los pobres para beneficio personal o del gobierno?
4. ¿Cuál es el significado de la parábola del sembrador en relación con el crecimiento personal, la mayordomía y la abundancia?
5. Si Jesús no se centró en los gobiernos terrenales, ¿cómo deberían los cristianos de hoy involucrarse en la política y la defensa pública sin dejar de ser fieles a sus enseñanzas?

PREGUNTAS PARA LA REFLEXIÓN

1. ¿Cómo influye mi fe en mis creencias políticas y económicas? ¿Busco realmente la sabiduría bíblica o intento adaptar las enseñanzas de Jesús a mi ideología personal?
2. ¿Creo que el trabajo tiene valor en sí mismo o lo veo solo como un medio para lograr algo? ¿Cómo afecta esto mi disposición a servir a los demás?
3. ¿Cómo puedo confiar en la abundancia y la provisión de Dios, y al mismo tiempo participar responsablemente en la planificación financiera y en las redes de seguridad social?

4. Teniendo en cuenta la parábola del sembrador, ¿qué tipo de tierra es actualmente mi corazón? ¿Hay obstáculos que estén frenando mi crecimiento espiritual?
5. ¿En qué áreas necesito rendirme a la perspectiva de Dios, aunque sea radicalmente diferente de la mía?

PRÓXIMOS PASOS

1. Evalúe cómo está administrando sus recursos. ¿Los está usando de una manera que refleje los principios bíblicos de generosidad, responsabilidad y confianza en la provisión de Dios?
2. Medite en Isaías 55:8-9. Mientras reflexiona sobre cómo los caminos de Dios son distintos al pensamiento humano, pídale que transforme su corazón y guíe su entendimiento.
3. Comprométase esta semana a realizar un acto concreto de generosidad voluntaria. Hágalo una prioridad, dándolo con alegría y sin esperar nada a cambio, y piense en cómo este acto fortalece su confianza en la provisión abundante de Dios.

ORACIÓN

Padre celestial, reconocemos que solo tú tienes el plan perfecto para nuestras vidas, nuestras comunidades y el mundo. Tu sabiduría sobrepasa todo entendimiento humano, y tus caminos son infinitamente más altos que los nuestros. Ayúdanos a confiar en tu soberanía en lugar de poner nuestra esperanza en sistemas o soluciones terrenales. Moldea nuestros corazones para que reflejen el tuyo. Enséñanos a ser mayordomos fieles de todo lo que nos has confiado, usando nuestro tiempo, talentos y recursos para glorificarte y servir a los demás con amor incondicional. Que nuestras vidas den testimonio de tu abundancia, y que siempre busquemos primero tu reino, confiando en que todo lo que necesitamos lo hallamos en ti. En el nombre de Jesús, amén.

NOTAS

REFERENCIAS

1 «Socialismo»: *Dictionary.com*, <http://www.dictionary.com/browse/socialism>.

2 «Socialismo»: *Cambridge Dictionary*, Cambridge University Press, <https://dictionary.cambridge.org/us/dictionary/english/socialism>.

3 King, Jr., Martin Luther: «He estado en la cima de la montaña», discurso pronunciado en el Mason Temple, 03/04/1968, Memphis, TN, 32 min. 8 seg., grabación de audio facilitada por The Martin Luther King, Jr. Center for Nonviolent Social Change, <https://www.youtube.com/watch?v=gC6qxf3b3FI&t=1928s>.

4 King, Jr., Martin Luther: «Las tres dimensiones de una vida completa», sermón predicado en la New Covenant Baptist Church, 09/04/1967, Chicago, IL, 9 min. 26 seg., grabación de audio facilitada por The Martin Luther King, Jr. Center for Nonviolent Social Change, <https://www.youtube.com/watch?v=GU3AnO_PJGU>.

5 Gore Vidal: <https://quoteinvestigator.com/2014/09/11/friend-succeeds/>.

6 «Socialismo»: *Dictionary.com*.

7 «Socialismo»: *Cambridge Dictionary*.

8 Reed, Lawrence W.: «Dar al César lo que es del César: ¿Fue Jesús socialista?» Fundación para la Educación Económica, 03/03/2015, <https://fee.org/ebooks/rendering-unto-caesar-was-jesus-a-socialist/#:~:text=The%20empirical%20evidence%20 today%20is,economic%20growth%20and%20are%20more>.